おいしい記録

長谷川京子

Prologue

「おいしい記録」

はじめに

7年と8カ月、書かせていただきました。

おもに〝食〟をテーマに書いたこの連載は、
食べ物を通して、色鮮やかな景色や匂いまでも
思い出させる重要なものとして、
私にとってなくてはならない存在でした。

約7年半という年月は思いのほか短く、
しかしながら、私から離れると
防犯ベルが作動するかの如く泣き叫んでいた息子が、
そしてまだ一人で歩くのがやっとだった娘が、
今ではもうしっかりと自分の意思を持ち、
前を向いて颯爽と歩いている姿を見ると、

とても濃い年月だったのだとあらためて感じます。
そんな瞬間、瞬間を、読んでくださる方と共有できれば、
そしてクスッと笑ってもらえたり、
同じような経験で共鳴してもらえたり、
そんなことをしてもらえたら、
と、おしゃべりしているようなテンポ感で
書かせていただきました。
(そのため、文体もさまざま混ざり合いますが、
連載のときのテンポをそのまま残しています)

この本を手に取ってくださった皆さまに、
少しでも楽しんでいただけるとうれしいです。

——長谷川京子
２０２１年夏

目次

本書は、雑誌『ＬＥＥ』２０１４年１月号から２０１８年12月号まで連載された
「長谷川京子さんのおいしい歳時記」、
２０１９年１月号から２０２１年８月号まで連載された
「長谷川京子のおいしい暮らしの歳時記」をもとに構成し、
再編集したものです。

2014

息子が4歳、娘が2歳になる頃、
連載がスタートしました。
まだ目が離せない二人を横目で見ながら、
パソコンのキーボードを叩くのは
かなり大変だった記憶があります。
〝食〟を通して読んでくださる方たちと繋がりたい、
そんな気持ちで始めさせてもらいました。

コーンスープと餃子の記憶

食べること、が好きだと思う。

食いしん坊ではないし(と、自分では思っていますが)、たくさん食べたいわけではもう、ないけれど。

でも、こういうことありませんか?

食べ物を通して自分の幼少期を思い出したり、風景が蘇ったり、時には匂いも伴ったり。とにかく懐かしい気持ちでいっぱいになる。追憶……というのでしょうか。私にとって〝食〟からの追憶は、思い出の一つ一つに深くしみついているものが多いようです。

そんな私のbest of memory foodは、ぶっちぎりで〝お母さんのコーンスープと餃子〟。

子どもの頃、母に「今晩何食べたい?」と聞かれると、決まって「餃子かコーンスープ」と答えた私。

コーンスープは母が小麦粉からきちんと作ったホワイトクリームスープに、たっぷりのコーン、そして香りづけのローリエが醸し出す、ちょっと大人な雰囲気が大好きで、食卓にそれが出ると何杯もおかわりした記憶があります。

餃子は中華料理店で出てくるものとはタイプの違う、野菜たっぷりのヘルシーなもの。キャベツとにらがたくさん入った餃子は、いくつでも食べられました。

餃子を作るときは必ず私もお手伝い。長谷川家は3人兄妹なので、作る餃子の数も半端ない!!

よって、餃子のあんを包む手さばきとその出来栄えはなかなかのものだと自負しております。

そんな思い出があるから、私のささやかな夢の一つは、自分の子どもとも同じように餃子を一緒に作ることでした。クッキーを焼くでもなければパンをこねるでもなく、餃子を作りたかった(笑)。そしてようやく上の息子が4歳になったので、最近は一緒に餃子を作れるようになりました。

初めはのり用の水をつけすぎてぐちゃぐちゃになった皮を2枚使って、一生懸命円盤のような餃子を作っていた息子。それじゃあフライパンの中で場所ばかり取って餃子が全然並べられないじゃ〜ん、なんて言いながら。

最近は1枚の皮でなんとかあんを包めるようになりました。まだなんとも不格好だけど、子どもの集中力と成長の早さはいやはや目を見張るほど。こうやって一緒に作ることで、息子は楽しそうに餃子を食べてくれる。自分の作った餃子に対する責任のようなものを感じているんでしょうね。

〝お母さんの餃子〟から、私のオリジナルが少しずつ足されて、進化していく私の餃子。今のマスト調味料はオイスターソースと、よくお邪魔する中華料理店でいただくXO醤、そして豚肉はひき肉とバラ肉を細かく刻んだもののミックスで。

バラ肉から出る肉汁とオイスターソースとXO醤がいい仕事をしてくれて、味の深みが増します。

こうやって私が母と一緒に餃子を作ったように、自分の子どもとも同じことをしてみると、お母さん、こんな気持ちだったんじゃないかな、とふと思うことがあります。

お手伝いと称して一生懸命餃子の皮で遊ぶ息子、まるで粘土をこねるように。その周りにはあんが飛び散って、あちゃ〜と目をおおいたくなる。そりゃ、私一人で支度をしたほうが早いし、台所も汚れないし。

でも、そういうことじゃないんですよね。一生懸命お手伝いして、「ママ助かるでしょ?」と自信満々の顔でにっこりされちゃったりすると、その笑顔を見た瞬間、すべてが帳消しになっちゃうんだな。

私の母もそうだったのかしら、キレイ好きの母も私たちが楽しそうに部屋を汚していくさまを、やれやれと見守ってくれていたのかしら？

こんなふうに自分ではない誰かの過去を体験することを追体験と言うそうです。子どもができて、追体験をする機会が多くなったと思う。自分の分身と向き合うことで、まるで自分と対峙しているような。勝負しているような。

食べること、が好き。でもやっぱり食いしん坊……ではないと思う。強いて言うなら食に対する執念の度が強いのかな？

あらやだ、そっちのほうがなんか怖い……。

墓穴を掘る前に、この辺りにしておくとして。

クロワッサンと焼きたてのバゲット

パリが好き。

大好きと言うにはちょっとパリに対して無知なことが多いため、好き、くらいで。

26歳のときに初めて訪れ、一瞬で恋に落ちた。それから仕事でも数回、時間ができると一人で行くこともありました。


街の雰囲気や重厚感のある家々もさることながら、やっぱり私の心を、いえ、胃袋をつかんだあいつら……。

そう、それはクロワッサンとバゲット、エシレのバター、そして熱々のカフェオレ。

最初のパリ旅行で宿泊した「LE PAVILLON DE LA REINE」というホテル。かつての貴族の館をほぼそのままの状態で使用しているそうで、中世にタイムトリップしたかと錯覚してしまうくらい趣があった。

今思えば、20代そこそこの私が行くにはまだ早かったなと思うくらい格式のある、素晴らしいホテルでした。

そして、そこでいただいた朝食のクロワッサンとカフェオレのおいしさといったら!!

クロワッサンは焼きたてで、バターの濃厚な香りが部屋の端っこにいても漂ってくるし、カフェオレも負けじとミルクたっぷりの熱々のもの。パリ初心者の私を優しく歓迎してくれたような、そんな温かい朝食だったんです。

〝これだったら太ってもいい〟と、我を忘れるくらいおいしい食事に出会うことが時々あります。

皆さんにも思い当たる何かがきっとおありなはず。

それまで日本でクロワッサンをはじめデニッシュ系のパンを食べることは、ほとんどありませんでした。理由は太りそうだから。20代半ばの私は太りやすく、実際プリプリしていたし、そんなバターたっぷりの食べ物を罪悪感を持って食べるくらいならいっそのこと食べないほうがいい、と思っていました。

しかしパリでいただいたクロワッサンに、「もういい、これで太ってしまっても本望だわ……」とあっさり敗北宣言。

それからバゲット。キッチンの見えるところに、適当にカットされ無造作に器に盛られているそれがまた、どこのカフェに行ってもおいしい。

それにエシレのバター(有塩のね!)をつけて食べるのがもう最高。パリの街並みや雰囲気、街を闊歩するおしゃれなパリジェンヌたちに陶酔しすぎて麻痺していたのもあるかもしれませんが。

日本に帰ってから、パリのバゲットが恋しくて何軒か探してみましたが、10年ほど前の当時はなかなか見つけられなかった気がします。

それでも探し続け、見つけたいくつかのお店の一つが渋谷にあるＶＩＲＯＮ。そこのハムとチーズだけをはさんだバゲットサンドを食べたときは、これこれ！と、毎日のように通った記憶があります。

最近はおいしいバゲットを焼いてくれるお店が増えたな、と思います。先日も家の近所で素晴らしくおいしいパン屋さんを発見しました。

人から教えてもらったお店を訪れるのもいいですが、なんとなく入ったお店のそれがおいしかったときの出会いは、何にも代えがたい喜びになりませんか？　自分だけのとっておきを見つけたような。

ある日友人たちが家に遊びに来ることになっていたので、バゲットを2本買いに行きました。30分待ってゲットした焼きたてのバゲット。

帰路の途中にも紙袋に入った熱々のバゲットは早く袋から出してと言わんばかりに香り

と湯気を出してくる。でも運転中の私は彼らをどうすることもできず、かつ絶対この瞬間の彼らは絶品なはずなのに、そんな彼らを持て余しているような、やるせない気持ちでいっぱいになりながら家に着きました。

友人たちに振る舞う食事の支度中も彼らが気になってしょうがない。

でもひと口食べてしまったら絶対止まらないだろうし、そうしたら友人たちに出すバゲットが少なくなってしまう……。

どうしよう。でもひと切れなら……。

いやいやひと切れで済むはずがない。

どうしよう……どうしよう、どうしよう。

えい！ ひと切れならいいか！っていうか、この焼きたての瞬間を食べてあげないとお店の方に失礼だわ。

そうして我に返ったときには1本のバゲットの半分がなくなっていました。さらにはチビたちも参戦し、結局1本まるまるなくなってしまいました。

どうしよう、でもバゲットにのせる予定のゴルゴンゾーラのディップはもう作ってしまったし、1本ではお客様の数に対してとうてい足りそうもない。何より私ももっと食べたい。

しょうがない、また買いに行くかと部屋着のまま家を飛び出し、お店に向かったはいいのですが、時すでに遅し。バゲットは売り切れていました。

が〜ん……この残念な気持ち、そしてバゲットを食べたいという思いだけで、部屋着のまま家を飛び出してきてしまった自分の食への貪欲さに恥ずかしさも……。

しかし、こんなにバゲットだのクロワッサンだの、パリが好きだのとお話ししておきながらなんですが、いつもパリに行くと、決まって2日目の夜にはうどんのお店に駆け込む私。

パンとバターの生活に胃が疲れてしまうのです。だしがしっかりと効いたおつゆをまずひと口、のどから体内にしみ込んでいく過程を感じながら、私の体はこれを求めていたんだと、ああ、やっぱり私は日本人なんだと実感します。

これではパリジェンヌにはなれませんね、きっと。前世でも来世でも。

卯の花の郷愁

短大を卒業すると同時に一人暮らしを始めました。

一人で住むことに決して賛成しなかった両親を押し切ったこともあり、誰にも頼ってはいけない、弱音を吐いてはいけない、と強い意気込みを持って家を出た記憶があります。しばらくはモデルの仕事を、そして数年たつとテレビの格闘技番組で司会をさせてもらうことになり、23歳か24歳のとき、念願だったお芝居をやらせてもらえることになりました。それから一作品、一作品、必死に向かい合い、今に至ります。

必死すぎて噛み合わないことは多々あれど、とにかく一生懸命やってきたなと思います。

お芝居を始めた23、24歳の頃は目の前のことだけで精一杯で、体調管理まで気にかけることができず、よく体調を崩していました。扁桃腺が人より大きいために、疲れがたまると免疫力が弱まり、すぐに扁桃腺を腫らしていました。そんなときは薬でとりあえずその場を乗り切る。根本的な改善や生活習慣の見直しなんて考えたこともなく、自分の体の声に耳も傾けず、ごまかし、ごまかし。

そんなことの繰り返しだった20代。

されど若さという最大の武器と勢いがあったからか、なんとかやっていました。それでも撮影が続き、食事がロケ弁ばかりになると、なんだか体が気持ち悪い。何でしょう、循環が悪いというか、体が重いというか、悪いものがたまっている感じ。

今とは違い当時は、撮影は朝から夜中までほぼ毎日、時には朝から翌朝のちょっと手前まで撮影をし、3時間後にまた集合、なんてことも。寝る時間さえままならないのに、健康のためにと、何か料理を作って持参するなんてそんな余裕はない。1分だって長く寝ていたい。


そんなときに出会ったのが恵比寿にある「恵比寿中島」というお惣菜屋さんでした。

決して広いとは言えない店内のガラスケースの中には、いわゆる〝おふくろの味〟的なものがズラリ。ひじき煮、かぼちゃ煮、切り干し大根……。それから焼き魚、メンチカツやコロッケも。たくさんのおふくろの味がガラスケースを埋め尽くす。

そして奥にはこれまた小ぶりな厨房があり、お店の看板であるおばあちゃんとその息子さん3人がひっきりなしに動いている。お肌がつるつるで笑顔が最高に可愛いおばあちゃんと、『おそ松くん』を彷彿させる、そっくりの3人兄弟がなんだか漫画のようでほほえましく、お店の温かい雰囲気を作り出していました。

頑張らなくてはと東京で肩肘張って生活していた私にとって、格好つけなくていい、ホッとできる数少ない場所の一つでした。

私が20代の頃足繁く通っていたのは、なんと言っても「中島」の名物とも言える〝卯の花〟の存在があったからでした。

ほかでいただく卯の花とはだいぶ違う、お味しっかりの、白いごはんとそれだけで十分な食事になってしまう「中島」の卯の花。おから以外ににんじん、長ねぎ、さつま揚げ、昆布、そしてアサリが入っていて、そのアサリによって従来の卯の花とは一線を画した特別なお味に仕上がっているんです。

これを500グラム買って帰り、その日の晩にいただき、そして次の日は撮影に持っていき、お弁当のごはんと一緒に食べます。それを2日間ほど続けていると、卯の花の油分が少し浮いてきて味が落ちてくる。そうなったら次はフライパンでからいりし、海苔をちぎり入れて混ぜる。するともう1食分くらいおいしくいただけるんです。

一時期は、この卯の花にはまりすぎて、もし「中島」がなくなってしまったら、二度とこの卯の花が食べられなくなってしまったらどうしようと、危機感をいだくほどになっていました。万が一に備えて、おばあちゃんに作り方をこっそり聞いておこうかと思ったこともあります。お店に弟子入りさせてもらう?とまで(笑)。

でもね、あるとき気がついたんです。私が好きなのは「中島」の卯の花そのものだけではなく、あのお店の雰囲気もなんだと。

もちろん卯の花は最高においしい。でも例えばこれがスーパーのお惣菜売り場にちょこっと置いてあるものだったら、ここまで感傷的にはならなかったでしょう。

お店に一歩足を踏み入れた途端に何か自分の鎧のようなものが外れる感覚、おばあちゃんの「おかえり」と言っているようなあの笑顔、おそ松3兄弟のきびきびと働く後ろ姿、そして〝卯の花〟の、オールセットが大好きなんです。

これがばかりは何にも代えられない。

だってそのすべてが、あのときの私に必要な要素だったんだから。

今は以前と比べてお店に行く機会は減りましたが、それでも顔を出すたびにおばあちゃんはこう言ってくれます。

「いつの間にか偉くなっちゃって。もうすっかり遠い存在だわ」

ここ数年は顔を合わせればいつもこのセリフ。それでもおばあちゃんは初めて選んだ言葉のようにほっぺをピンク色にして話してくれます。

その言葉を聞くたびに、私の20代は「中島」に、おばあちゃんに、そして卯の花に支えられていたんだなと、あらためて思います。

絶対的なフライドポテト

この間、友人たちと食事をしていたとき、妊娠中の嗜好についての話で盛り上がりました。

これは本当に千差万別なのですが、つわりがひどくて何も食べられずグレープフルーツをただ抱きしめ、その匂いを嗅ぎながら過ごしたという友人や、食べづわり(食べ物が消化され、胃に余裕が出てくると気持ちが悪くなる。よって、常に何かをちょこちょこ食べていないとダメなんです)で、ひどい吐き気を感じながらも、お土産にあるようなおまんじゅうを寝起きに7、8個は食べていた、という人もいます。中には砂を食べたくなる人もいるそうです。妊娠中のホルモンのバランスと嗜好の関係は密接なのでしょうね。

かくいう私はどうだったかな、と思い返すと、つわりで何も食べられないということはなかったのですが、やはり胃のむかむかはずっとあって、酢をたっぷり入れた冷麺やトマトの冷製パスタなどを求めて外食していたのを覚えています。

さらに、私は先ほども話に出てきた〝食べづわり〟がひどく、一日中なんだか気持ちが悪い。少し何かを口に入れればそれは治まるのですが、またすぐに胃がむかむか……。なので外出時はゴルフボールくらいの大きさのおにぎりをいくつか持ち歩いて、気持ち悪くなったらすぐにバッグからおにぎりを取り出し、ところ構わず食べる、ということをしていました。

それからカップラーメンとマクドナルドのフライドポテト。この二つは妊娠中の私にとってなくてはならない存在でした。

夜、さあそろそろベッドに行こうという時間は、夕食から数時間がたち、胃がこなれてきて例のむかむか虫がやってくる。もう眠りたいし、夜中の間食が健康に悪いのは百も承知。

でもどうしてもカップラーメンが、カップラーメンのスープが、飲みたくて仕方がない。妊娠中の塩分のとりすぎは間違いなくいけないし、こんな時間にカップラーメンのスープをずるずると飲めば、翌朝顔がパンパン、見るも無惨な姿になるのは決定……でも、……今は妊娠中なんだから自分の欲求に素直になってもいいんじゃない……？

と、むかむかもピークに達している私には、もはやそれについて自分の理性と戦う余地はありませんでした。ということで、ほぼ毎晩のカップラーメンは妊娠7カ月くらいまで、深夜の私だけの秘密のイベントになっていました。

そしてマックのフライドポテト。これは、いつでもどこでも食べたい。例えば夕食の買い出しにどこのスーパーに行こうかと考えるときのプライオリティは近くにマックがあるか、あるいは行きしなマックに寄れるか、でした。

皆さんにも理解していただけるかと思いますが、マックのポテトが食べたいときは、ほかのどこのフライドポテトにも代えがたい。マックのポテトはもはや数あるフライドポテトの中の一つ、ではなく〝マックのポテト〟なのです。

こんなこともありました。私が小学1、2年生だった頃、ちょうど家にお客様が来ていて、ではお昼でもご一緒に、という流れになりました。家には母とお客様と私しかおらず、何を食べましょうか、お蕎麦かしらね、やっぱり、と大人二人がうなずき合っている横で、私はどうしてもマックが食べたい、マックじゃなきゃ嫌だ!!と抵抗しました。母は私にお蕎麦をすすめたのですが、頑なにマックだと言い張り泣きわめく私に大人二人は観念し……結局お客様はお昼をとらずに帰られたのでした。

普段、母がしっかりと食事を作ってくれていたので外食の機会が少なかったというのもあるのですが、外食は特別なイベントで、マクドナルドというブランドは〝外食といえば〟の一番にくるほど、私の中で最高級の、大ごちそうだったんです。

実はですね、最初の出産のとき、出産を無事終えた1時間後には夫に買ってきてもらい、マックの照り焼きバーガーのセットを食べていました。

もちろん病院でヘルシーなお食事を出してもらっていたのですが、このつらい、痛い数時間の出産を乗り越えた後のエネルギー補給には「てりやきマックバーガーセット」しか考えられなかったのです。しかしその光景を思い返せば、今、まさに、新たな生を受けたばかりの新生児の隣で無我夢中で照り焼きバーガーを頰張る母親ってどうなのかと思います。

ああ、最近はどうしてもマックが食べたい、カップラーメンが食べたくて仕方がないなんてのたうち回ることはなくなったな……。

そういえば、我が家は肉食派なのですが、年々、選ぶお肉の種類も変わってきたかも。先日焼き肉に行ったときも、おいしいと感じるのは脂身の比較的少ないロースやヒレ、ハラミなど。サーロインやカルビは、ごはんは進むけれど、今の私には彼らの脂質を受け止めきれないと思いました。これが大人になる、ということなのでしょうか?

大人になれば、新しい世界での嗜好が出てくるのでしょう。もっと素材や質にこだわるようになるのか、粗食志向になるのか……。それはそれで楽しみですが。

嗜好は、妊娠中のみならず年齢によっても変化する。

でも、できることならおばあちゃんになっても「焼き肉、毎日食べちゃうよ‼」と笑って言えるような自分でありたいな、と思います。

愛しきピーマンとの戦い

この問題についてそろそろ真剣に向き合ってみようと思う。

今までだって、これについてないがしろにしてきたわけではないのですが。むしろ「痛い、痛い」と、もがき苦しむ彼女を見るたびに胸が苦しく、私が代わってあげられれば、と思わずにはいられません。

しかし、こちらがどんな策を練って挑んでも見事に拒絶されてしまう始末。緑のあれらを少しでも食べてくれれば、その苦しみから解放されるに違いないのに……緑のあれらを、少しでも。

しかし、彼女の体の中にそれらに対する拒絶装置が組み込まれているのではないかと思うほど、彼女は器用にそれらだけ口から出してくる。

彼女の好きなうどんに、刻んだほうれん草をあんかけ状態にして入れ、うどんをすすれば自動的にほうれん草も口の中に入ってしまうように仕組んだとしても、口の中でうどんをモゾモゾと動かし、ベエ～ッとほうれん草だけ、それはもう見事としか言えない元のままの状態でリバースしてくる。

うちのもうすぐ3歳になろうという娘の野菜嫌いは、ブレがなく一貫しています。絶対に食べないのです。

それだから便通もあまり良くなく、「オナカイタイ、オナカイタイ」としょっちゅう悶え、便を出すときは命を懸けて出産する母親のように苦しみもがく。あの年で産みの苦しみを体験するなんてスゴイわ～、なんて傍観しているわけではありませんよ、私も母親。前述したように、私がその苦しみを代わってあげたい、と思いながらおなかやお尻をマッサージしてあげるわけです。

でもね、実際代わってあげられるわけではないですしね。苦しい思いをするのは結局、彼女ですから。

今まで、いろいろなことを試してきました。溶き卵に刻んだ小松菜、またはほうれん草を入れ、子どもの好きな甘～い卵焼きにする。しかしそれも、彼女のもみじのような小さい手で、上手に黄色と緑に分けられてしまいました。

では発想を変えて、シンプルに何もせずに食べさせてみたら意外と食べちゃうかも⁉と、ゆでただけのブロッコリーを口に運べば、「アタチ、ヤチャイ、キライナノ」と一蹴、はい、終了。

それでは、濃い色の何かに野菜を混ぜて煙に巻いてしまおう、とほうれん草とにんじんをミキサーにかけて液状にしたものをカレーに入れてみました。これは成功‼「オイチイ。

オイチイネ」と喜んで食べてくれました。娘よ、あのときの母の笑顔はカレーをホクホクと食べる君を見て幸せな気持ちになりました、というお母さんの笑顔ではなかったのですよ。君との勝負に勝った、してやった！という笑顔だったんです。

そういえば以前、親同士で野菜嫌いについて話をしたことがありました。私たち大人だって食べたくない野菜の一つや二つ、あります。

といっても、私には食べられない野菜というものが実は思い当たらないのですが。でもそこにいた多くの大人が共感した、食べられなくはないが、自分から進んでは食べないよね、という野菜。

何だと思います？　ピーマンです。

確かに、ピーマンがまったく嫌いじゃない私でも、ピーマンを使った料理ってあまりしないかも。考えてみて思い当たるのは青椒肉絲、ピーマンの肉詰め、あとは……う〜ん。

誤解しないでくださいね！　私はピーマンＬＯＶＥです。でもね、大人になってからはピーマンってそんなに頻繁に食卓にのぼる機会がないのに、なんで子どもの頃あんなにピーマンを食べなさい‼と言われてきたのでしょう？

正直、ピーマンを食べなければ子どもが成長できない、というわけではないのに。でも、親や先生の言葉、そして世論的にピーマンを食べなければいけない、という風潮があったのは事実です。

そこで思うのは、ピーマンというものは、野菜の中で必要悪の立ち位置にあえているのではないかな、ということです。野菜の中でも特に青みと苦味を持ったそれを食べるということは、子どもにとって好きなものだけを食べるのではなく、苦手だな、と思うものも受け入れなくてはいけないという〝食〟という枠を超えて、生きていくための社会性を持つことの象徴なのではないかな、と思うのです。

ピーマンは子どもの社会性を構築していくうえで重要な役割を持ち、本人としてはそんなに前に出たいわけではないのに、仕方なく子どもに嫌がられる存在になってくれている……そう考えると、ピーマンが健気でたまらない。愛情さえわいてきます。


とにかくですね、娘の野菜嫌いを克服させたいのです。

まあ、大きくなればいつか食べてくれるようになるんじゃないかな、幼稚園とか小学校とかでね、お友達と競ったりね、先生に注意されたりしてね、と、つい人任せになってしまいそうな衝動を抑え、ここはきちんと向き合おうと思う。

野菜嫌いなお子さんを持つ方たちに教えてもらいたいのです。どうしたらそれを克服できるのか、オススメの料理は？　ぜひ、アドバイスをいただきたい！

2015

娘が幼稚園に入園した年でした。
息子が年長、娘が年少です。
幼稚園に行きだすと、フワフワの赤ちゃんだった娘も、
それなりに〝子ども〟に成長するものです。
幼稚園に行かせている間に一人になる時間ができ、
二人のお迎えの時間までの数時間で近くのカフェで
原稿を書く、というルーティーンができました。

ボンゴレスパゲッティへの特別な思い〈前編〉

　フランスを初めて訪れたのは確か、26歳の秋だったと思います。撮影で、でした。カトリック教の巡礼地であるルルドに行き、その地を感じ、そしてどんな難病をも治すと言われるルルドの泉に触れてみたい、ということからその旅は始まりました。

26歳、迷える年頃。本当の自分は何者なのか、と、自分探しの真っ最中だった私は、目には見えない世界を信じることで腑に落ちる何かと出会えるのではないか、自分の正体を知ることができるかも、と救ってほしい気持ちでいっぱいでした。

　ルルドはちょうどスペインとの国境にあたる、パリから電車で5時間ほどの場所にありました。電車から降りてしばらく歩くと、街の特別な空気に、心地いい安心感をいだくと同時に説明のできない不思議な気持ちになったのを覚えています。

　不安、というネガティブな感覚ではないのですが、自分の中でどう解釈したらよいかわからない、内臓がフワフワしていて落ち着かない、そんな気持ちでしょうか。

泉のある広場までの道では、訪れた人に向けて大小さまざまなサイズのマリア像やロザリオがたくさん売られていました。

その光景も独特だったので、この言いようのない感じはそのせいなのかな、と最初は思っていました。

そして、日が暮れ、その広場で多くの人が列をなして歩きだしました。そこを歩く人の中には、車椅子の人、松葉杖の人、ベッドに横たわり数人の手を借りて列に参加している人もいました。みんな手には火をともしたろうそくを持っていて、その光景は今思い出しても、これまで見たことのない神聖な、美しいものでした。

こうやってあのときのことを思い返すと、わかることがあります。そうか、あのなんとも言えない感じは、単に私がルルドに行く準備ができていなかっただけなのかもしれない、と。

ルルドは観光地ではなく、巡礼地なんだ。

あそこに来ている多くの人が、自分の体や大切な誰かを思っていて、そしてみんな信じている。きっと治る、大丈夫と信じている。

私は不確かな何かを探すため、漠然と救いを求める気持ちだけであの場所に行ってしまったのかもしれません。その内臓がフワフワした感じはルルドを離れるまで消えませんでした。

と、前置きが長くなりましたが、それからパリに戻り、数日撮影をした後、スタッフさんたちは一人、また一人と日本に帰っていきました。

私は、オランダで行われるマドンナのライブを観るために一人パリに残り、それまでの3日間を過ごしました。

マドンナのライブを観るためにオランダ⁉って思いますよね？　私も思います、今は（笑）。でも当時は、熱烈なマドンナファンの友人に誘われて、ちょうどその頃パリにいるし、調べてみるとパリからオランダのアムステルダムまでは電車で行けちゃうし、「なんか楽しそうじゃない？　ヨーロッパ横断しちゃう？」くらいのノリと勢い、そして好奇心で（さらにその後にはその友人とNYに行き、ほかの友人ともNYで合流、1週間遊び倒してきました）。

まったく、悩める20代なのか、無鉄砲な20代なのか……。まあ、両方だったんでしょう（笑）。

話はパリに戻ります。一人で残ったパリはそれまでのにぎやかなパリとは違い、自分と向き合ういい時間になりました。知り合いもいない、本当に一人。寂しいし不安もあるけれど、それ以上に好奇心もある。

ホテルの近くにあったヴォージュ広場で物思いにふけってみたりする。

そういえば、なんか少し前から体が欲しているものがある……。ルルドからパリに戻ってきたときには、日本食恋しさにみんなで札幌ラーメンの店に駆け込みました。カウンターで一列に座り、ズズズーッとラーメンを終始無言ですすって。スープを体内に取り入れた瞬間、それまでの旅の疲れが取れ、私たちに元気と勇気を与えてくれたような気がしました。和食って素晴らしい!!

……まあ、札幌ラーメンを和食と呼んでよいものか?ですが。

でもでも、今は、それだけでは満たされない、別の〝何か〟が欲しい。

何だろう……目をつぶってみると……ア、サ、リ、が……。

アサリが口をあんぐり開けてつややかな麺と仲よく談話している。

ガーリックにオリーブオイル、白ワインとアサリのだしがしっかりと出ていて……ああっ! 食べたいボンゴレスパゲッティが〜!!!

そして私はパスタの本場(イタリア)、のお隣にあるフランスで、ボンゴレスパゲッティを食べさせてくれるイタリアンレストランを探し、一人旅路につくのでした。

ボンゴレスパゲッティへの特別な思い〈後編〉

ここはフランス。いくらイタリアがお隣の国だとはいえ、パスタってどうなんだろう？おいしいのかしら？　そもそもイタリアンレストランはあるのかな？

う〜む、これは長く根気のいる旅になりそうだな。さしあたり、撮影で一緒だったライターさんが置いていってくれたガイドブックを見てみよう。

「私がいるホテルはマレ地区、ここを拠点に探してみるか……」

シャツの袖をまくり、気合いを入れてまず深呼吸する。これから長くかかるであろうイタリアンレストラン探しに向けて。

……と、「あれ？　ここにあるの、イタリアンよね？」。

見つかるの早っ！　しかもホテルのメチャクチャ近くにある〜!!

ガイドブックでさらに調べてみると、パリのイタリアンレストランの多くは観光地に集中しており、私が滞在するマレ地区にあるのはその1軒だけでした。

観光地にあるお店のほうが洗練されていて失敗はなさそうな感じはあったのですが、何せ私一人、わざわざタクシーを使うのも手間だったので、宿泊しているホテルのすぐそばにあるイタリアンのお店に行ってみることに。

レストランまでの道のり、地図を片手に一人気ままに歩く。マレ地区という場所柄、観光客は少なく、すれ違う人たちは地元のおしゃれなパリジェンヌや学生ばかり。

そんな中にいると、一人取り残された日本人になったようで少しドキドキしてくる。ワクワクもしてくる。さあ、これから行くイタリアンレストランはどんなお店なんだろう。

地図が示す場所に到着し、辺りを見回す。パッと見て、それとわかる店はない。もしかしたら、なくなってしまったのかもしれない。

あのガイドブックは少し古いものだったのかも、と心配になってきたとき、左手の道の角にその小さなお店を見つけました。

確か青い屋根だったかな、うれしさでそのお店に飛び込むと、ちょっと気難しそうなおじさまが一人、フロアに立っていました。地元感のある雰囲気に、私みたいな旅行者の小娘は追い返されるんではないかとビクビクしながら、席に着く。

店内も外観同様にこぢんまりとしていて、照明が暗く、青地のチェックの紙がテーブルに敷かれていました。華美なものはまったくなく、記憶に残っているのはそれだけです。

お客も、ディナーには少し早い時間だったのか、私一人でした。

メニューをもらい、ボンゴレスパゲッティがあるのを確認して、とりあえずホッとする。パスタだけでは物足りない感じがしたので、前菜に白身魚のカルパッチョを頼みました。それからグラスで白ワインも。

ワインをいただきながら、カルパッチョをつまんでいると、近所に住んでいるような様子の男性とその子どもがお店に入ってきました。例の気難しそうな店主は、彼らに応対しているときも変わらない態度だったので、そういう人なんだな、と少し安心。そしてついにボンゴレスパゲッティが私のテーブルに置かれました。

普段、ボンゴレスパゲッティが食べたいと思うことはほとんどないのに、なぜこんなにも体が欲しているのだろう。理由はわかりませんが、とにかくこれをいただく。


パクッ。……おいしい……。


和食を食べてホッとするのとはまた違って、頭の前側がずん、と重くなる。なぜだか感傷的になってしまい、悲しくもないのに涙が出てくる。心の固くなったドアが開いたような感覚。

それでもパスタがおいしくて、とりあえず食べ続けました。

お店からの帰り道、ほろ酔いで歩くパリの夜は冷たい風が気持ちよくて。行き交う学生たちのことや、自分の足取りが確かでなかったことを、10年たった今でも鮮明に覚えています。

今となっては、そのボンゴレスパゲッティが本当においしかったのか定かではないけれど、お店の雰囲気と同様にパスタの味も華美さはなく、家庭的でホッとするものだったような記憶があります。

また、行きたいと思う。10年がたち、あのお店がまだ存在しているのかもわからないし、どこにあるのか、記憶も乏しいのですが。

もし、またあのお店に行けたなら10年前と同じものを頼もう。この10年で私はいろいろ変わりました。

子どもを授かり、その子どもたちのおかげで前より随分と大人になれたと思う。

今は今で、悩むことや迷うことはもちろんあるけれど、26歳の頃のような漠然とした不安感をいだくことや、自分の存在を問うようなことはなくなりました。

そんな今、あのときと同じものを食べたら、私はどう感じるのだろう。

考えるだけで鼻の奥がツンとしてきます。胸がざわざわ、してきます。

わたしにサラダ

最近、気がついたらDREAMS COME TRUEの『あなたにサラダ』を口ずさんでいることがあります。

可愛らしい歌だな、と思う。初めて聴いたときも、曲中の女性(ちょっとおっちょこちょいな)が、彼氏かな? 旦那さまかな? の帰りを待ちわびながらサラダを作る、そんな場面が手に取るように想像できて、なんだかくすぐったい気分になった記憶があります。今、またきちんと聴いてみると、当時とは少し違う受け取り方があって。

可愛らしい歌だな、という印象は変わらないのですが、解釈の深みが違う、というのでしょうか。こんなふうに同じ曲でも感じ方の幅が広がったり、深まったり、総じて年齢を重ねていくことは楽しいと思います。いやになっちゃうことも多々ありますが(疲れが取れない、肌の張り感が、それから羞恥心がなくなってきた、とかね)。

さて、最近我が家ではサラダが頻繁に食卓に出ます。

ついに‼　お気に入りのサラダの作り方を発見したからです。

常々思っていたことなのですが、日本ではレストラン、カフェ、スーパー、どこに行ってもそれ一品でごはんになるようなサラダが少ない。

どうしてもサイドメニューから抜け出せないサラダを、どうにかしてメインの立ち位置にまでいかせたい。

ボリュームも内容も充実したおいしいサラダが食べたい……。


話が少しそれますが、20代の頃は本当によくＮＹを訪れていました。

エネルギーがあって活気にあふれた街。前のめりに生きていないとそこにいる資格がないような、そんな街の性質に、当時、血気盛んだった私は惹かれたんだと思います。

1週間の休みがあれば出かけたし、4カ月ほど滞在したこともあります。

長期の滞在では、さも自分がＮＹに住んでいるかのような気分になることができました。ツーリストではない、地元民であるような視点で生活していると、見える景色がまったく違い、今まで目にしていたものも新鮮に映り、とても楽しかった。

食事だって、毎日外食というわけにはいかない。部屋にはちゃんとしたキッチンもあったのでよく料理もしました。

私が滞在していたマンションの斜め向かいにイタリア系のスーパーがあり、そこはよく使わせてもらいました。Ｂａｌｄｕｃｃｉ'sといったかな？

〝バルドゥッチ〟と読むのかな？　ちょっと高級なイタリアの食材を扱うそのスーパーは野菜も新鮮で彩りよく、ワインも豊富、何よりお惣菜の種類が豊富でとてもおいしかった。そこで食材を購入したり、自分で作るのが面倒くさいときはお惣菜を買って帰ったり。

でも、何よりそこで私の心を射止めたものは、６、７種類はあるサラダたちでした。Ａ４サイズくらいはあったであろう大きいプラスチックの箱に、息もできないのではないかというほど、ぎゅっと詰まったさまざまなサラダたち。

いわゆるシーザーサラダにチキンが入っているものや、クリームチーズにクランベリー、くるみが入っているサラダ、グリルシュリンプがデカデカと葉っぱの上に陣取り、パルメザンチーズ、ごまだれみたいなドレッシングが備え付けられているもの。それぞれ入っているものが異なり、これとパンで食事として成立する充実したサラダを前に、いつも今日はどれにしようかと悩んでいました。

あ〜、Ｂａｌｄｕｃｃｉ'sのサラダが食べたい。ＮＹのサラダが食べたい。そう思うことはしばしばあるのですが、私の心を満たしてくれる、そんなサラダを日本ではなかなか見つけられずにいました。

それならカフェやレストランでサラダを頼んで、メインで肉や魚を食べればよいのですが、正直、一人でその量を食べられる自信がない。ランチは軽めに、でも満足いくものを食べたい。きっと女性ならこんな気持ちをわかってくれるはず。

これはあれだな、自分で作るしかないか、と一念発起。思い出せる限りの食材を買い込み、大皿にのせてみることに。

まずはベビーリーフ、そして苦味のある葉ものも入れたいと、ルッコラをちぎって入れる。

それから、私が好きだったサラダはいろいろな木の実やくるみが入ったものだったので、スーパーで〝健康の実〟なるクコの実、松の実、かぼちゃの種が入っているものを買いました。

そして、くるみはちょうどそのお店に〝メイプルシロップがけくるみ〟があったので、これが絶対合うはず！と、買い物かごに。それらをとりあえず大皿に投げ込む。

で、これに何かチーズみたいなものがあればな、と冷蔵庫を覗き込む。お〜いと叫ぶと、クリームチーズとリコッタチーズが顔を出す。どちらかな？　NYではクリームチーズがサラダに入っているのをよく見かけましたが、私にはちょっと濃いかな？ということでリコッタチーズをサラダに投入。

よしよし、いい感じ。そしてドレッシング。家にあるピエトロドレッシングを少しかけて食べてみる。

う～ん。これはこれで十分おいしいのだけど何か足りない。ドレッシングをもっと甘くしてみたらどうかしら?と、ハチミツをドレッシングに混ぜ合わせ、もう一度食べてみる。

これだ。これこれ、これが〝わたしのサラダ〟だ!!

甘いドレッシングと苦味のある葉やリコッタチーズがいい感じに一つになって、おいし～い。メイプルシロップがけのくるみも効いている。

これならいくらでも食べられちゃいますよ～。

ドリカムの『あなたにサラダ』ではありませんが、これは間違いなく〝わたしにサラダ〟。パートナーを思って作るわけではないので、可愛らしさのかけらもありませんが(笑)。

でも、家族も喜んで食べてくれるし(下の娘は野菜嫌いなので食べませんが)、まあよしとしましょう。

いちごと家族の時間

「苺」。

この一文字を見ると、胸がキュンとします。なんとも言えない郷愁の念にかられ、幼少期の記憶が蘇ってきます。


今もさることながら、小さい頃の私にとっていちごは、大がつくくらいのごちそうであり、大人になったら自分でいちごを買い、おなかいっぱいになるまで食べてみたいと願う、夢のような存在でした。

母が、いちごを1パック買って帰ってきた日は、姉や兄よりも早く夕食を済ませ、いちごをパックから取り出すと一つ一つ丁寧に洗いながら、食後のデザートの時間が早くこないものかと待ちわびていたものです。

しかし我が家は5人家族。1パックのいちごを5人で分け合うとなると、大きめのもので3粒ほど、小さいものでも5粒ほどしか私の皿の上にはのせられない。

もっと食べたいのに、もっともっと……そんな思いでいっぱいになりながら、考える。

さてこのいちごたち、どうやっていただくのが最善の策なのだろう。

当時は今ほどに甘く、完成されたいちごはなかったように思いませんか？　今、ちょっと高級なスーパーに置いてある、お高いいちごの完璧なまでの赤色とツヤを見ると、作り物なのでは？と疑ってしまいさえします。

私が小さい頃も存在していたのかもしれませんが、世にあるいちごの平均値はきっと以前より上がっていると思う。その頃食べていたいちごは、今ほど甘くはなかった。

そう、それで私の前に置かれたいちごたち。

よく熟した赤いいちごにも練乳をかける。何度も言わせてもらいますが、当時のいちごは今ほど甘味がなかった、と思います。なので、私にとっていちごと練乳は切っても切れない関係にあったのです。

それから、ちょっと早摘みなのか、まだ白い部分が残っているようないちごは、カップに入れ直し、スプーンの背で適度につぶし、砂糖、そして牛乳を加えていちごミルクにする。牛乳をたくさん入れれば、いちごミルクをたくさん堪能できる。でも、牛乳が多すぎると、いちご感がほとんど感じられず、ただの甘い牛乳を飲んでいることになってしまう。

この配分と、自分の欲との間で折り合いをつけるのにいつも葛藤していた記憶があります。

先日、といっても随分前になりますが、今年初のいちご狩りに行ってきました。

休日だったため、いちご狩りは大盛況、お店のおばさまは手が回らんとばかりにあたふた、あたふた。隣にいる息子さんであろう男性も客の多さと自分の客さばきが噛み合ってない様子。要するに、手際が、悪い……？　ああ、私こんなことを思ってしまうなんて……年を取ったからかしら？とハッとしてしまう。

話は戻り、無事にお会計を先に済ませ、いちごのパックを受け取ってお弁当のおかずを入れるカップに練乳を入れてもらい、さあ、いちご狩りのスタート‼　と、気になることが一つ。カップに入れてもらった練乳がなんだか少ない気がする。もうちょっと入れてくれてもいいのにな、と思いながら、おばさまに「練乳はおかわりしてもいいですか？」と聞いてみた。すると「1回だけね！」と強い語気で返答。

きっと忙しすぎて余裕がないんだろうな、と思いながら、いちご畑へと向かう。

そのいちご農園ではとちおとめ、あきひめの2種類のいちごを栽培していました。上の段にあきひめ、下の段にとちおとめという感じで配置されていて、上、下、上、下、と食べ比べをしてみる。私はあきひめが好きみたい。水分が多くさっぱりとしているんだけど、甘味が多くて。子どもたちもきゃーきゃー騒ぎながら楽しそうに食べているし、ああ、私にとっての久しぶりのオフで、今日はのんびりしたいと思っていたけど、頑張って連れてきてよかったな、と思う。

さて、あっという間になくなった練乳。1回限りという、おかわりもしたし(そのときもカップにちょっとしか入れてもらえなかった……)、いよいよいちごだけとの真剣勝負か⁉と意気込んでいると、息子が「練乳もらってくる～」と、のんきな声でおばさまに向かって走っていった。

「待って‼　おかわりは1回だけなの‼」と私が手を伸ばしたそのとき、スッと息子の前に立ちはだかった、一人の男性。

雰囲気から、おそらくおばさまのご主人なんでしょう。彼がおばさまの視線を背で隠すように立ち、ポケットからサッと練乳を取り出すと、息子のカップになみなみとそれを注いでくれました。そして最後にお茶目な笑みを見せてくれたおじさま。

その瞬間のおじさまが神様に見えたのは言うまでもありません。「ありがとう。このご恩は一生忘れません」と、丁重にお礼を言って(そこまでは言ってませんが)去ろうとしたそのとき、息子が向こうにいる妹に大きな声でこう言うじゃありませんか！

「あのね‼　このおじさんが練乳くれ……」、最後まで言い終わる前に、私が息子の言葉をさえぎったのも、言うまでもありません。

娘のお弁当

娘のお弁当がいよいよ始まりました。

4月から幼稚園に通いだし、しばらくお昼前の降園が続いていましたが、ようやくお弁当生活が開始します。

さて、彼女にどういったお弁当を作ってあげよう。

息子とは性格が真逆な彼女。

息子は慎重でまじめ。そしてお調子者(繊細さをごまかすため?)。

娘をひと言で表現するならば世間体を気にしない(まあ、子どもなのでそんなものかもしれませんが)、マイペース、我が道を行く、going my way……(同じ意味だった!)。

要するに、超、超、超、マイペースなわけです。


息子が幼稚園でお弁当生活を始めたときは楽だったな、と思う。

基本的に野菜はよく食べるし、まあ食が細いのは難点でしたが、それでも園でみんなと食事をすれば、勢いと競争心によって積極的に食べてくれました。

今でも「こんなに食べられるかな?」というくらいの量も、きちんと完食してくる。家ではいつまでたってもごはんを食べ終わらず、おしゃべりに夢中になって私に怒られる、の繰り返しですが、外ではしっかりやっているんだな、と感心さえするものです。

しかし子育てに方程式がないように、お兄ちゃんがそうだったから妹もこうだろう……が通用しない現実。

特に一筋縄ではいかない彼女。例えば食事中に彼女が歩き回ってろくに食べてくれないとき、とりあえず初めは優しく注意してみる。

「一緒に食べようよ〜」とか「わあ、これすっごくおいしい!」とか言ってみたりして。私のエネルギーが続く限りはこれを繰り返します。

しかし、これくらいでは、彼女の心には何も響かない。では、と「食べないならもうごはんを下げちゃうよ!」とごはんを洗い場まで持っていってみる。

息子のときは「ヤダ!! ちゃんと食べるから!!」と、嘘でも言って、お茶碗を私から取り返したものだけど。さあ、彼女はどんな反応をするのかしら?と様子をうかがうと、ひと言サラリと、

「いいよ〜」

「……え? ……で、でも、もう今日は何も食べられないんだからね!!」

と、私は負けずに言い返す。それでも彼女はなぜかルンルンしながら、「いいよ～♬」と返してくる。

それでは最後の手段。泣き落としの術。

「ママ、あなたのために頑張ってごはん作ったの。あなたに食べてもらえないなんて、ほんっとに悲しい……」と、目を潤ませながら言ってみる。これも息子の場合は泣いている私を見て、「ママゴメンね～」と一緒に泣いてくれる。母親を泣かせてしまった自分にショックを受けるのだろう。なんて優しい息子なんだ。

さあ、娘はどう出てくるか‼　頑張って涙を流そうと、力を入れて集中する。泣きまねをするときは本気でやらなくてはいけないのだ。う～ん、う～ん、と心の中で踏ん張りながら、涙がたまった目で娘の様子をちらっと見てみる。

‼　見てない！！！

1ミリたりともこちらに視線を向けず、ただ一人でご機嫌に手遊びしてる……。脅しても、泣いても、まったく彼女の心には響かないことを悟った私は、ボンヤリと視線を宙に向けました。

「もういっか。なんか、疲れたわ……」

そう心の中でつぶやいていると、先ほどまで私の横で手遊びをしていた彼女が「おちっこ‼」と言う。

「行っておいでよ」と、私。

「やだ。一人でおちっこできないでちょ」と、彼女。

「何言ってるの。できるでしょ、行っておいで」、私。

「ママ、いっちょに来て〜」、半べその彼女。

「いやよ」、私。

そして、「来〜て〜よ〜」と、両手を天に向けたかと思うや否や、その上げた両手を一気に床に叩きつけ、「ああ〜っん！」とドラマティックに泣き崩れる彼女。

そうか、自分のために流す涙はしっかりあるんだな、と感心する。


こんなシーンが続く毎日。こんなこと、私にとって不毛だわ、と思ってしまう。思うように動いてくれない子どもたち。

神様に試されているのではないか、と思うときもある。どこまで子どものために耐えられるか？　どこまで子どもを愛せるか？

しかし子どもたちの寝顔を見ると、「今日は怒りすぎちゃったな。こんなに可愛いのに」と、愛おしい気持ちでいっぱいになる。

こんな毎日の繰り返し。その繰り返しで、あっという間に1週間たち、1年がたち、子どもたちは着実に大人になっていく。

ああ、そうか。正解もない、結論もないと思っていた子育てだけれど、「子どもの成長」という形を、私は確実に見ることができている。不毛だと思っていた出来事も、子どもと私の成長の過程の一つなんだ。意味のないことなんてないんだ。

こんなふうに自分の世界をしっかりと持った娘ですが、お弁当を持っていって、友達とどんなふうにお昼を食べるのだろう？

嫌いな野菜もきちんと食べてくれるのでしょうか？　そして、こう言ってくれる日がくるのでしょうか？

「おべんと、おいちかったよ。じぇんぶ食べちゃった」

夏はとうもろこし

夏になると何度も作るものがあります。

バターの香りに黄色くて甘い粒がいっぱい。炊きたてのそれはもう何杯でも食べられちゃう。

それは、とうもろこしごはん。


どこで覚えたのか、いつから作っていたのか定かではないけれど、これが間違いなくおいしい。


作り方はいたって簡単です。

生のとうもろこしの実を包丁でそぎ落とします。

といだお米にお酒、みりんを米2カップに対し、大さじ1と2分の1ずつくらいかな。

適当でいいと思います。それと塩をひとつまみ。

それからお水を入れて(調味料込みでお米に対して適量のお水を入れてください)、だし昆布をのせ、生のとうもろこしの実と芯を入れて炊きます。

で、ですよ。これでも十分おいしいと思うのですが、炊き上がったこれにバターとしょうゆを入れるのです。反則技でしょう?

炊きたてのごはんにバターとしょうゆ、なんて、無条件においしいですもの。

とうもろこしさえいらないのでは?とも思ってしまいますよね。

でも、お米と、プチッとしたとうもろこしの異なる食感、そしてとうもろこしの甘味が、それ一つでもごちそうになるくらいのクオリティに仕上げてくれるんです。

そういえば、この間まで出演させていただいていたドラマ『マザー・ゲーム〜彼女たちの階級〜』の第1話で、主役の(木村文乃さん演じる)希子ちゃんがバターしょうゆごはんを作るシーンがありました。

それがあまりにも場違いな食べ物で、私たち演じる〝セレブ〟は怒りモードになるのですが、食べてビックリ、「あら、おいしいじゃない……」と不服ながらもそれを口に運ぶのを止められない……という場面。檀れいさん演じる毬絵さんに至っては、「食べたことのないお味だわ」なんて言っちゃって!……って、これ、セリフですからね、檀さんが言ったのではないのです。あくまでも檀さん演じる毬絵さんが言いました。

でも、私(長谷川京子本人)は、「食べたことがない?　私は、これで育ったと言っても過言ではないのに!!(そこまでではありませんが)」なんて、思ってしまったりして。公私混同ってやつですね。

誰かを演じるということは良くも悪くも、「そのキャラクター＝演じている本人」と思われてしまうことがあります。

とはいえ、誤解なさらずに。檀さんは、とてもキュートでチャーミングな方です。ほかの方々も。とにかく今回の『マザー・ゲーム』では、かなり作品と現実の区別がつかなくなっていた私。撮影中はこんなふうに、自分の思いが出てしまうことが多々ありました。

話の内容が今の私の環境に近い、というのが一番の理由だと思います。料理に子育て、どちらもいろいろな種類や方法はあれど、正解がない。だから悩む。それが私や、きっと観てくださった方たちの共感する部分だったのではないかと思います。

話はとうもろこしごはんに戻りますが、今夏も、もう4回ほど作ったかな？ たくさん作って、食べきれなかったとうもろこしごはんは冷凍庫に。子どもたちのお弁当に使えば、あっという間になくなってしまう。

いつもお願いしている食材の宅配サービスで、夏になると販売するフルーツコーンを、ここ数年注文しています。

12本くらい届くと、そのうちの4本は仲よくしてもらっているご家族に、1本は届いたその日は生で食べてもおいしいということで、そのままガブリ。さらに2本はとうもろこしごはんに。3本は蒸して、普通に食べる。残りはゆでてからでも、生の粒をそいでからでも、冷凍庫へ。

うん。今年もとうもろこしを食べ尽くしたぞ!!と、達成感で伸びをする。すると、玄関のチャイムが鳴り、宅配物が届く。

何が届いたのかと目をやると、そこには何やら見覚えのある段ボールが。……とうもろこしのイラストが描いてあるぞ。

げっ!! 何かの手違いか、または私のとうもろこしに対する貪欲さが招いた結果なのか……例のフルーツコーンがまた12本届いてしまった!

好きとはいえど、一体、ひと夏にどれだけ食べればよいのだ、とぶつぶつ一人つぶやきながら考える。

5回目のとうもろこしごはんを作るとするか。

Photo Story 1

いつもの食卓から

「塩むすび」

握ったそばから、子どもたちが手を伸ばし、あっという間になくなっていく塩むすび。私自身にとっても、海外では必ずこの味が恋しくなるほど、絶対的な存在です。「ろく助塩」を使った塩むすびが定番です。

「豚汁」

材料は、にんじん、大根、長ねぎ、えのき、
こんにゃく、里芋、豆腐、豚バラ薄切り肉
(時々、ごぼう、かぼちゃなども)。
炒めるときはごま油を使って。
だしを取った後は、甘酒を加えて
軽く煮込んでから、味噌を溶きます。
そんなコクのある豚汁が定番。
大人はミョウガや七味唐辛子を加えます。

「とうもろこしごはん」

伊賀焼の窯元、「土楽窯」の福森道歩さんが
手がける土鍋は、さまざまな料理を
おいしくしてくれます。
夏になると繰り返し作るのが、
とうもろこしごはん。酒、みりん、塩、
だし昆布、とうもろこしは芯まで入れて。
ごはんが炊き上がったら、
バターとしょうゆを加える。
バターの香りととうもろこしの甘味に
幸せな気持ちになります。

「サラダ」

ベビーリーフやルッコラを大皿にのせて、
リコッタチーズ、くるみ、クコの実、松の実、
かぼちゃの種、レーズンなどをトッピング
（チーズやトッピングの種類はそのときあるもので）。
市販のドレッシングにハチミツを混ぜ合わせ、
この甘さが、苦味ある葉ものによく合うんです。

「ボンゴレスパゲッティ」

多めのオリーブオイルでにんにくを炒めて、
アサリを惜しみなく入れ、白ワインを躊躇せずたっぷり投入。
そして刻んだアンチョビと、半分に切ったミニトマトを
加えて、フライパンにフタをして蒸します。
あとはゆでたパスタに和えて、バジルを散らすだけ。
子どもたちも大好きな、我が家では外せない一品。

「いちご」

春には子どもたちと一緒に、いちご狩りへ。
連載中にも、何度かそのエピソードが
登場しています。小さい頃から、
私にとってのごちそうである、いちご。
いちごのある食卓は、家族の時間を
彩ってくれます。

2016

この頃は、子育てが少し落ち着いてきたからか、
自分の内側にフォーカスする機会が
増えてきたように思います。
子育てと仕事の両立は難しいけれど、
〝ちょうどよい〟ポジションを模索中。
春から息子は小学生、娘は年中に、
それぞれ無事に進学・進級しました。

時にミョウガに助けられ……

ミョウガの高貴さに脱帽するこの頃。

以前から好きなことは好きだったのですが、最近、殊にミョウガの存在が私の中で大きくなっています。


食事を作っていて、ふと思うことがある。

「私、本当にこれが食べたくて作っているのかしら?」

日々の献立を決めるとき、皆さんは何を一番に考えていますか?

子どもやパートナーが何を食べたいか、あるいは何を食べさせたいか? これはもちろん。でも自分だって食べたいものを食べたい。その中でどれを優先してどれを譲歩するか、バランスを取り、その日の献立を決める。

しかし結果的に、子どもがコンコン咳をしていたり、ズルズルッとはなをすすっていたりすると、この子たちに風邪をひかせまいと、子どもに合わせた栄養のある食事になります。もちろんこれがイヤなわけではありませんが、大人としてその食事を楽しめているかどうかは、正直、別の話。

急に冷え込み始めたある夜、今晩は野菜がたっぷり入った温かいものにしよう、と豚汁を作りました。豚汁は家族みんなが大好き。私ももちろん。……ですが、日々続く子どもとの食事の中で何か物足りなさを感じていました。

そのとき、「あっ！　もしかしたら……」と、急に思い立った私。冷蔵庫の野菜室に随分前から放置されていたミョウガを取り出し、刻んで食卓に置きました。

少し傷み始めていたようですが、私だけが食べるのなら、まあ、いっか。

それを豚汁に勢いよく、ドバッと入れる。ミョウガ特有のツンとした香りが汁の湯気に乗って、こちらに漂ってくる。

どんな味になるだろうと、期待にあふれた気持ちで、ひと口、飲んでみる。

「ふはぁー、これだ……」。これこれ、これだ。明らかに豚汁の品格を上げてくれている。自分で言うのもなんですが、元の豚汁だって十分においしい。だからミョウガを入れたことでさらにおいしくなった、というより、〝品の良さが出た〟と、表現したい。ちょっと素敵な和食のお店でいただいているような錯覚。

日常の中で、こんなことで気分転換を図らせてくれるミョウガ。私はそんな高貴な貴女が好き。

ミョウガを勝手に女性扱いさせてもらっていますが、フォルムは蕾のようにぷっくりとし、色だって赤や紫が混じった複雑さを持ち合わせ、それでお味はツンとした「私のこと、嫌いならそれでも構わなくってよ」みたいな姿勢。これ、ちょっとお高い雰囲気の女性としか考えられないと思いませんか？

この一件があってから、ミョウガは私の中で特別な存在。冷蔵庫に常備してあります。


ちなみにミョウガを使った、こんな料理も最近、好き。

ミョウガを縦半分に切り、梅干しとごま油とちょっとのしょうゆ、そしていりごまで和えます（私は甘い、ハチミツ入りの梅干しを使っていますが、そうでない場合は少しハチミツかお砂糖を入れてもいいかも）。それを、つまみやごはんのお供にして食べています。


そうそう、この間、女４人で食事に行きました。独身時代より外食をする機会がぐっと減ったので、子どもと一緒でない、外でのごはんは私にとって、〝イベント〟と化しています。４人それぞれの子どもは、それぞれのところに託して。パレスホテルの鉄板焼「濠」で素晴らしくおいしいお肉やアワビをワインといただきました。

家でのごはんや子どもと一緒だといただけないものは、こうやって女同士で。

女同士、職業や環境が違っても悩みには共感し合える部分がたくさんある。そんな話をしたり、どうでもよい話をしたりしながらのおいしい食事は格別だと、本当に感じる。こんな日は夜更かししても、翌朝スッキリ起きられたりすることも知っている。

家族と食べる家でのごはん、そしてたまの、女友達と過ごす贅沢な時間を繰り返し、時にミョウガに助けられ。こうやって、日々の食事の大切さと尊さを感じる気持ちを保つことができている。そう思います。

合理的と非合理的と、おいしいガレット

新しい年を迎え、1月からのドラマの撮影も順調に進んでいるところですが、取材などでこう聞かれることがあります。

〝セリフはどこで覚えますか？〟

あらためて考えてみると、私にはこうやって覚える、ここで覚える、というような決まりがないように思いますが、強いて言うなら、〝ながら食い〟ならぬ〝ながら覚え〟が、私には合っているのかな、と思います。

台本をもらい、最初に話を読み込む作業は腰を据えてしたいのですが、「ではセリフを覚えよう」という段階になると、きっちりそのための時間を取って覚えるということが、どうもできない。居心地が悪くなる。

家にいればほかのことが気になってくる。あ、洗濯しなきゃ、とか、せっかく家にいるのだから夜ごはんの仕込みをやっておこうかしら、とか、娘の体操着の名札がはがれてたわ、つけ直さなきゃ、とか。そんなこんなで、結局、台本が手につかなくなる。

それよりも私の〝覚えようスイッチ〟が入るときは……。

例えばAとBの二つの用事があるとします。Aの用事を済ませ、Bの場所に向かい、近くのパーキングに車を停める。しかし、Bの約束の時間まであと15分ある。……そんな状況のときに瞬発力を発揮し、グッとセリフを頭に入れ込む。

これをさまざまな場面でやります。

お風呂に入っているとき、あまり長湯ができないたちなので、「熱い、もう出たい……」と、熱さと戦いながら覚える、とか。マネージャーさんが運転してくれる移動中の車内という閉ざされた空間で、「もう少しで家に着くから今しかない」とき、とか。

こういった日常のちょっとした合間を使い、そこで追い込むように覚える。それを何回も繰り返す。

一気にすべてを覚えると、頭の中の台本を読んでしまいがちなのですが、少しずつ覚えると、日を追うごとにセリフが体になじんでくる。自分の言葉に近づいてくるような気がするんです。


連載の原稿を書くときもそう。私がよくするのは、子どもたちのお迎え前の1時間を使い、カフェでパソコンのキーボードを叩くこと。

幼稚園のお迎えの時間までというデッドラインを自ら決め、ここまでしかできない、みたいなシチュエーションを作ると、体が自然とパソコンに向かう。

ここまで書いて、ふと気づく。これって、要は私は元来、怠け者であり、追い込まれたり、お尻を叩かれないと何もできないということを、皆さんにあえて披露してしまっているのではないかと……。


まあ、それはさておき。

そんなふうに原稿を書くのにちょうどいいカフェを見つけたことが、最近のうれしかったこと。

家と子どもの迎え先とそのカフェがいい距離にあり、道中にスーパーもあったりする。お昼を食べ損ねたときや少し口寂しいときのスイーツ、特にガレットがとてもおいしい。こぢんまりとした空間なのだけど開放感があり、隣の席に人がいてもあまり気にならない。店内で流れるフレンチ・ポップスも、心地よい。

しばらくはここで連載の原稿を書かせてもらうことが多くなるだろうと思います。

子どもができてからは、時間が足りなくて合理性を求めることが多くなったけど、お芝居の台本やパソコンに向かうときは、非合理的になれる時間と余裕を自分に作ってあげたいと、最近あらためて思う。感情の些細な起伏を拾えるように。

うん、今年はこれですね、合理的と非合理的。どちらがいい、ではなく、それぞれの間を行き来できるような。そんな柔軟な気持ちで、しなやかに生きていきたい。

おにぎりの挑戦状

春から小学生になった息子。

食べて動いて寝て。そして起きてまた食べて動いて寝て。

そうして大きくなっていることを実感する。寝ている姿を見ると、体中の細胞がどんどん分裂して、成長していくさまがまるで目に見えるようにさえ感じる。

幼稚園にお迎えに行ったとき、向こうから走ってくる彼はエネルギーのかたまり。体の中心にある熱く大きな〝核〟が燃えているのがわかる。

幼稚園に入りたての頃は食に興味を示さず、ごはんのたびに早く食べろ、もっと食べろと私に言われていました。

きっと彼もそんなことをいちいち言われたくなかっただろうし、私だって言いたくなかった。

今だって頻繁にそのやりとりは繰り広げられるけど、それでも出されたものはしっかり食べるようになってきたし、体の幹もしっかりと太くなってきた感じがする。

こうやって子どもは成長し、幼児から少年になっていくんだなと、小学生になった彼を見ているると、感慨深くなってくる。

そして少し前のこと、息子に言われて、成長を感じた瞬間がありました。幼稚園生活が終わりにさしかかったある日のこと。園に夕方までいておなかがすいてしまうから、「お弁当とは別におにぎりを作ってほしい」と、息子。

え!!　お弁当のほかに、おにぎり!?

成長期の男子が言うセリフじゃないですか!!　食が細く、なかなかごはんを食べてくれないことにストレスを感じていた私にとって、これ以上ないうれしいお言葉。もっと言って!!

それと同時にわき起こる、「一日にお米1升よ〜。もうどれだけ食べるんだか……」みたいな類の、男の子を持つ親がよく言うセリフを、ついに私も言える日が近づいてきたのかも!?という期待感。

その日は彼のリクエストで昆布のおにぎりを作りました。

私からの挑戦状として、少し大きめに握って。

こんなふうに日常の生活の流れの中で、子どもの成長を感じる瞬間がある。

ある朝、一人早く起きた息子が、冷凍庫にあったごはんをレンジでチンし、梅干しをのつけて食べていたこともある。大人のような表情で相づちを打ってくることもある。私が疲れているときに、そっとコーヒーをいれてくれたことも、ある。

そのほとんどが喜ばしいことである。が、時としてうれしさと一緒に寂しさを覚えることもあります。

私のもとから少しずつ離れていっている彼の足先はもうこちらに向くことはない。過ぎた日は戻ってこない。

もっと食べろ、大きくなれないぞと言ってきたけれど、急がせすぎたのではないか。しっかりしなさい、としつけてきたけれど、まだしっかりする必要なんてなかったのではないか。

まだ可愛い幼児でよかったのに。

彼が幼稚園に入りたての頃は、私から離されて、部屋が壊れんばかりの大声で泣いていた。ママ、ママ、と甘えん坊な息子。思い返せば幼稚園生活はあっという間で、きちんと向き合ってこれたのだろうか、と思う。

少しずつ、確実に私の手を離れて自分の足で歩きだしている姿は、私をちょっとセンチメンタルな気持ちにさせました。

小学校に上がり、ランドセルを背に彼が向かっていく先はまぶしすぎて私には見えないけれど、きっと楽しくて素晴らしい人生が待っているのだ。

旅先で恋しい味

8月に長めの夏休みをいただきました。

こんなに長期間の休みで、さらにそれが子どもたちの夏休みと重なることはこの先ないかもしれないと、1カ月ほどハワイに行くことを決めました。

1カ月の滞在はもはや旅行ではない。1週間ほどの日程であれば、毎日がイベントで、勢いで駆け抜けていくのもいいと思うのですが、今回は、それでは途中で息切れをしてしまう。旅行というより、住む、という感覚で1カ月、子どもたちと過ごしてみようかと思う。無理をせず、予定も詰め込みすぎず、そして何より子どもたちの体調管理をしながら。

だって彼らにとっては毎日がとてつもなく楽しく、全力で遊び倒すことは間違いない。明日は早起きだからとか、この先予定がたくさんあるから体力を残しておこうとか、そんな意識を子どもに持たせることはナンセンスでしょう?

かといって、体調管理ばかりを考えて守りに入ってしまったのでは旅の醍醐味を味わえない。

さあ、どうやってこの夏を楽しいものに仕上げようか。

話は変わりますが。私は旅が好きです。子どもができてから旅に出る回数はグッと減ってしまいましたが、独身時代は1週間の休みができれば、NYやパリに頻繁に行っていました。

しかし、私は典型的な日本の家庭に育ったため、食生活の95%が和食。なので、海外に行くと大抵3日目くらいでだしの味が恋しくなってきたり、胃が疲れてきて、食欲が減退してしまったり……。

食生活がガラリと変わることに対応できないんです。

私の持論ですが、どこの国に行っても楽しめる、または生活できる人は、〝胃が強い人〟なのだと思います。

以前、ドキュメンタリー番組のお仕事で、ジャーナリストの池上彰さんとボスニア・ヘルツェゴビナを訪れたときに、池上さんもそのようなことを仰っていた気がします。

実際、池上さんは皆さんもご存じのとおりたくさんの国を訪れて、忙しくされているはずなのに、エネルギーがありました。そのエネルギーは、あふれ出るものというよりは、静かに自分の中に存在する熱いかたまりのように感じられました。

それはご本人の責任感や探究心、それ以外のいろいろな要素からなるものだとは思いますが、お食事をご一緒したときに見たあの食欲には〝サヴァイブする力〟を感じました。たくさん食べるとか、ガツガツ食べるとかではなく、静かにひと口ひと口をしっかり咀嚼し、自分のエネルギーに変えている、そんな印象でした。

その土地のものを食べて、その土地になじむ。私も理想とするところですが、旅の合間で和食をはさんでいかないと体がもたない。好き嫌いはないし、むしろ現地の食事はどこのものもおいしいと思うのです。でもね。

ああ、私の体はだしと米としょうゆでできているんだな。生粋の日本人だな、とあらためて感じます。そしてそのことが少しコンプレックスであったりもします。

私が理想とするのは〝生き抜く力を持った〟人間。食事が体に合わないからといって弱音なんて吐きたくないのです。でもね。年を追うごとに体はさらに繊細になっていく。

異文化の食事を続けてとることが以前よりもっと難しくなってきたな、と今回あらためて感じました。

何度も書かせてもらいますが、どこの国の食事もおいしくいただけるんですよ。好き嫌いだってありません。ただ、それが朝、昼、晩で3日間ほど続いてくると、私の中のＤＮＡ

やアイデンティティが訴え始めるんです。

"Please, give me some Japanese food, if you can. I want sio-musubi."

そう。塩むすび。私にとって塩むすびの存在は今っぽく言うなら〝神〟なのです。

なので今回の旅の準備をするとき、パスポートの次に絶対忘れないよう細心の注意を払ったのが、いつも塩むすびに使っている「ろく助塩」と、最近友人から教えてもらった最高においしい海苔でした。

そして蛙の子は蛙。我が子どもたちも塩むすびが大好き。

ほぼ毎朝、塩むすびを頬張ってからプールやサマースクールに出かけています。それだけでは栄養が……と思い、ここ数日はハワイで多めに作ってストックしているきんぴらごぼうを刻んで、おにぎりの具にしています。

おっと、ハワイでの充実した?食生活について書こうと思っていたのに、塩むすびへの熱い思いだけで終わってしまいそう。(つづく)

ハワイのおいしかったもの回想録

ハワイに着いて数日たったある朝、旅の疲れが出始めたのか、さっぱりとお酢の効いたものがどうしても食べたくなりました。

子どもをサマースクールまで送った帰り道、さてこの欲求をどうしようかと考える。朝8時。モーニングをやっているレストランは数あれど、どこも朝はパンケーキやアサイーボウル、エッグベネディクトのようなものばかりで、さっぱりとお酢の効いた食事にはありつけそうもない。どうしようか。

でも、体は確実に酢の物を求めている。我慢できない。行きつけの日本食スーパーに行ってみました。まだ開いていない時間だろうことはわかっていたけれど、いちるの望みをかけて。案の定、スーパーは開店前で、やはりという思いと落胆が相重なる。

しかし、もはや体だけでなく、脳も細胞もすべてが酢の物以外は受け付けなくなっていました。

スーパーの駐車場に車を停めて、座席を後ろに下げ、伸びをする。鼻から新鮮な空気をたくさん入れて、ゆっくりと吐き出す。頭の中をクリアにして、もう一度考えました。「本当に酢の物が食べたいの?」。その質問に私の体は「そうなの、食べたくて食べたくて仕方がないの」と答えました。

そっか、どうしようかな〜と、もう一度伸びをしながらスーパーの横にあるかなり年季の入ったレストランに目を向けました。

見れば、そこはどうやらコリアンレストラン。しかも朝食が7時からやっている。以前からこの日本食スーパーには頻繁に足を運んでいたので、その隣のレストランの存在を知ってはいたのですが、あまりにも商売っ気のない店構えと、正直、そこに人が入っていくところを目撃したことがないという理由で、今までまったく注目していませんでした。

しかし、そこはコリアンレストラン。ということは冷麺もきっとあるだろう。冷麺にお酢をかければ、まさに、今私が食べたいものになる!

普段なら行かないであろうお店だけど、きっとこれも何かの縁だと、ガラガラとお店のドアを開けて入ってみました。日本の食堂のような雰囲気の店内では、ひと組のローカルなお客様が朝からモリモリと、いくつか置かれたプレート料理を食していました。私は冷麺がテイクアウトできるか確認し、「お酢も別容器に入れてください」とお願いしました。

レストランの中でいただいてもよかったのですが、疲れていたので、部屋でゆっくりくつろぎながら食べたかったのです。

待つこと10分弱。麺とスープが別々の容器に入ったものをレジのおばちゃまから渡されました。念のため、お酢はきちんと入っているか尋ねると、「入ってるわよ、ほら！」と、少し面倒くさそうに、小さい容器に入ったお酢にからしが混ぜてあるものを見せてくれました。

「だってこれがなかったら、お酢が入ってなかったら、冷麺を買った意味がないんだもん！」と心の中でつぶやきながら、努めて明るく受け取り、外に出る。


部屋に戻り、真っ先に容器に入った冷麺をどんぶりに移し、からしの混ざったお酢をドバドバッと投入。そしていただきました。

スープと麺をれんげにのせ、口に運ぶ。思わず天を仰ぎ、歓喜の声を上げてしまいました。「うわ〜っ。これだ！　これっ!!」。誰もいない部屋で。一人で。

私たち日本人は、疲れると酸っぱいものやさっぱりしたものを口にしたくなるときがある(もちろん甘いものを食べたいときもありますが)。

そんなときには、梅干しとかきゅうりとワカメの酢の物だとか、もずく酢だとか、さっぱり系だとそうめんとか、何かしら疲れを癒してくれる食べ物がある。

では、ハワイアンは？　アメリカ人は疲れたときや食欲のないとき、何を口にするのだろう、とふと思う。

今回の長期滞在中、いろいろなレストランに足を運びました。ワイキキのホテル内にある「BLTステーキ」というステーキハウスには2度行ったし、イタリアンで有名な「アランチーノ」には朝に1回、昼に1回、夜に3回行きました。そのほかにも、ベトナム料理店でおいしい蟹カレーもいただいたし、友人たちとカイマナビーチでBBQをしたことも。それ以外にもいろいろなお料理をいただき、どれもおいしく、また行きたいと思っています。今こうして思い返してみて、何が一番おいしくて幸せな気持ちになったのだろう、と考えてみる。


ハワイを訪れるときに毎度お世話になるマキさんという女性がいます。

知っている方も多いと思います。ハワイの超有名コーディネーターさんで、とにかく明るくて思いやりがあってみんな彼女のことが大好き。彼女に会わないとハワイに来た意味がないと言っても過言ではないくらいの存在。そんな人だから、我が子どもたちはマキさんを完全にロックオンしています。

今回、日本に帰るときに、マキさんが朝ごはんにと、おにぎりを握って持たせてくれました。ジッパーつきの保存袋に入ったおにぎりは、少し大きめで正確な三角形ではないところが、まるで〝お母ちゃんが握った〟おにぎりみたい。長く滞在したハワイの空港で子どもたちと噛みしめるように食べたことを今、思い出しました。

子どもたちに聞いてみる。「ハワイで食べたもので何が一番おいしかった？」間髪入れずに、「マキさんのおにぎり!!」と答えた彼ら。「あれだけいろいろなレストランに連れていったのに、食べさせがいがないわね」と言いながらも、〝私も同感〟と心の中でつぶやいた。

そしてそんな答えをくれた我が子どもたちのことを、今まで以上に愛おしいと感じた瞬間でした。

イカスミパスタの問題提起

食べ物に年齢制限はあるのか問題。

例えば、ソフトクリームを食べている。鼻の頭にバニラソフトがちょんとついているとする。

それがもし私の4歳の娘だったら、無条件に可愛いと思うだろう。きっと小学生、中学生の女の子、男の子でも「仕方ないわね〜」なんて言いながら紙ナプキンでそれを取ってあげるだろう。それが、最近私の現場を担当しているマネージャーの新卒24歳の女子でも、可愛い、とまでは思わないにしろ、「もう大人なんだからしっかりしなさいよ」なんて言いながら紙ナプキンを渡してあげると思う。そこに嫌悪感はない。

しかし、今年38歳になる私が、鼻にそれがついているにもかかわらず無邪気にソフトクリームを食べていたらどうだろう。

こんなことを私はなぜ、ツラツラと書いているのか?

先日、友人とイタリアンを食べに行ったときのことです。

フレッシュないちごが入ったシャンパンでまず乾杯をし、前菜を選ぶ。デザートまでおいしくいただきたいからスタートから飛ばさず、食べたいものを吟味して少しずつ、食べる。たまの外食では栄養バランスなど考えずに食べたいものを食べると決めている。

だからこの日もタコのマリネ、ホタテと何か?のクリーム和え、牛肉のカルパッチョを少しずついただき、さあ、パスタは何を食べようか?と友人とお店のスタッフさんと相談していたとき、隣のお客さんたちが食べているイカスミのパスタが目に入りました。

普段はあまりチョイスすることのないイカスミパスタですが、今日は何かいつもと違うものを食べてみようという気持ちになり、友人に提案してみました。

すると友人も賛同してくれたので、この日はイカスミのパスタとゴルゴンゾーラクリームのパスタを、これもスモールポーションでお願いしました。

久しぶりのイカスミパスタ。うん、おいしい。パスタの中に入っているヤリイカもやわらかくてもちもちしているし、「たまにはこうして違うものを選ぶのもいいわね、うふふ」と、友人に共感の言葉を求めたそのとき、友人が非常に冷静な声のトーンでひと言。

「口がデーモン閣下みたいになってるよ」

「え〜!?　でもあなたもそうよ、口も歯も真っ黒。でも仕方ないわよね。イカスミだもんね。食べ終わったら口をふくわ」と私。

そして2種類のパスタも食べ終わり、次はメインのステーキを待つ。

「なんかおなかいっぱいになっちゃったわね〜。でもお肉も頑張って食べようね〜」と、私が言葉を発したそのとき、しかも食いぎみに、「ねえ、イカスミ全然落ちてないよ」と友人。

「あら、本当?　しっかり落としたつもりだけど。じゃあ、リップクリームでなじませてからふいたら、きれいに落ちるかしらね?」と、私は化粧ポーチからリップクリームを取り出し、唇に少し多めに塗り、なじませる。それをティッシュでふき取ると、確かにまだイカスミの黒が残っていました。

「イカスミって落ちづらいのよね。まあ、これもイベントということで」と、ちょうど来たステーキにナイフを入れようとしたとき、友人がとどめのひと言。

「シワに入っちゃってるからじゃない?　全然落ちてないよ」

それを聞いた瞬間、友人が何を意味してその言葉を発したのかピンときませんでした。が、次第に、そしてじわじわと脳みそにしみ入る言葉の重さ。

確かに、今までのイカスミパスタとの思い出の中で、スミが落ちなくて困ったことはない。

その違いが唇のシワが以前より深くなってしまったせいなのか、それとも唇にスミがついていても愛嬌で済まされなくなってしまったからなのかは、わかりません。まあどちらにしても喜べる見解ではありませんが。

この一件は後になってじりじりと、かつリアルな言葉として、私に実感をもたらしました。そして、今まで言われたことのない種類の言葉にはすぐ反応ができないのだ、ということを、この件を通して知ることができました。

さらにはそれに対してショックを受けるでもなく、流れゆく月日のはかなさを嘆くでもなく。むしろこんなおもしろいネタはないと、頭の中のネタ帳に急いで書き込んでしまった、そんな自分がいる、ということも初めて知りました。

ならばここで、そんな気づきを与えてくれたイカスミのパスタに感謝の意を表すとしよう。

2017

息子、小学2年生。
まだまだあどけなく、ランドセルが背中より大きい。
授業参観に行けば「ママ〜!」と、
抱きついてきてくれました。
娘は幼稚園最後の年。
早生まれの彼女は幼く見えるため、
ちゃんと小学生になれるのか、心配ではありました。
が、その反面、「サ行」が全部「タ行」に
なってしまう(〝あたち〟とか)のが可愛くて、
まだこのままでいてほしいと願う私もいました。
私はといえば、翌年の40代突入に向け、
〝伸びしろ〟作りと、ヨガにはまった年でした。

心通わせる、朝のおしるこ

寒さが日に日に増し、寒波が続いた1月下旬のこと。

まだ外は暗がりの中、朝5時半に目覚まし時計が鳴り、眠く重い体を起こしました。

さあ、ここから45分間が勝負だ。まずは白米が時間どおりに炊けているか確認し、しゃもじで混ぜてまたフタをし、少し蒸らす。

今日のお弁当は鶏そぼろと卵の2色ごはんと焼き魚なので、ブリの切り身をグリルで焼く。鶏そぼろは昨晩作っておいたので、いり卵を。卵にたっぷりの砂糖、塩少々を入れ、かき混ぜかき混ぜ、熱したフライパンでひたすらいる。


そうこうしているうちに息子が目を覚まし、「今日の朝ごはんはな〜に?」と聞いてきました。

〝お弁当作りに追われているこのときに、朝ごはんまで用意できるか!!〟という心中は表に出さず、「今日もあれはどう?」と聞いてみました。

「あれって?」と息子。

「ほらあれ、おしるこ」
「いいね〜。僕大好き」
ホッと胸をなでおろすのを息子には隠し、「オッケー」と、レトルトのおしるこを湯煎にかける……。

ここ数日、頻繁に息子の朝食に出しているレトルトのおしるこ。だって楽なんだもん。体が温まるし、エネルギーがわくし、本人も好きらしいし……。

おしるこを湯煎にかけたら、お餅を1個トースターで焼く。その間にブロッコリーを塩ゆでし、焼けた魚をグリルから取り出し、ごはんをお弁当箱に詰める。

後ろで息子が制服に着替えながら、「ごはん、パンパンに入れてよ！」と言うので、それにも「オッケー」と返し、ごはんをお弁当箱にぎゅうぎゅうと押し込みました。

最近、野球を始めた息子は体を大きくしたいらしく、頑張って食べている。食が細くやせた彼の体では思うようにバットが振れないそうです。何はともあれ、たくさん食べてくれると作りがいがあって、楽しい。

さあ、お鍋のお湯も随分前からブクブク沸騰しているし、おしるこも良い頃合いだろう。お餅もぷくーっと膨れだしたし、今だ！とトースターからお餅を取り出し、お椀に入れ、そこにおしるこも流し込む。

お弁当のおかずも揃い、ダイニングテーブルにすべてを並べて、お弁当箱に詰め込む作業を始める。

それと同時に息子の朝食もテーブルに運ぶと、彼も着替えを終え、待ってましたとばかりに席に着きました。

彼は朝食をとり、私はお弁当を詰める。テーブルをはさんで向かい合わせに座り、おしゃべりをしながら、それぞれのやるべきことをする。

まだ娘が起きてこないこの時間が、私と息子にとって有意義なものであることを最近知りました。夜は娘もいて、なかなか一人一人の話を聞くことができず、とにかくごはんを食べさせ、お風呂に入れて寝かす準備をすることに追われてしまう。しかし朝だとお互いフラットな気持ちで向き合え、意見の交換ができたりする。

わずか10分、15分ですが、彼と心が通じ合う時間。

「ごちそうさまでした！」と言うなり、バタバタとせわしなく歯を磨きに行く彼に、「おしるこ、まだ残ってるよ！」と言うと、「いいの。僕、お餅だけで」と、洗面所からひょいと顔を出す。

でもお椀にはおしるこがまだ十分に残っていますよ。

実は少しおなかがすいてきて、息子のおしるこをちょっと分けてほしいな、と先ほどから思っていたのですが、これから学校で体も頭も存分に動かす彼に、「ちょっとちょうだい」と言うのは気が引けるな、と思っていたところ。

しかし、新たにおしるこをひと袋開けるほどには、まだおなかもすいていない。そうか、この息子のお椀にまたお餅を入れれば、ちょうどいい量ではないか!! 新しい袋を開けて、全部食べられなかったら、もったいないことをした、と後悔してしまう。が、残ったこの量なら余らせることはないだろう。

そんなことを考えているうちに息子がランドセルを背負い、「行ってきま〜す!」と玄関に向かったので私も急いで追いかけ、いつものように彼を見送りました。起きてからここまでが45分。私の時間との戦い。

家の前の通りから、彼が次の角を曲がり見えなくなるまで見送る。特に決めたことではないのですが、道中、息子が何度もこちらを振り返るので家に戻るタイミングが見つからず、それが習慣になっている。

パジャマにガウンをはおっただけの格好ではこの時期の寒さはキツイのですが、まだ背中より大きいランドセルを背負い頑張って走りながらも、こちらをちょいちょい振り向く姿にはなんとも言えない可愛さがある。

ようやく角を曲がり、姿が見えなくなったことを確認して、暖かい家に戻りました。

さあ、これから娘が起きてくるまで、ゆっくりとおしるこタイムだな。

瞑想とサラダの後は

ここ最近、長期間に及ぶ仕事がなく、のんびりと、子育ても通常運転で、自分の時間を楽しませてもらっています。

……というのは嘘です。

20代の頃から忙しくしてきた私は、ワーカホリックのようです。そして、それが極端で、すごく忙しいほうが生きている感じがする。体が常に緊張状態で頭がグルグル回っている、アドレナリンが出ているような状態が好きみたいです。なので、ここしばらくの、のんびりした生活がどうにもこうにも落ち着かない。〝のんびり〟だとか〝ほどほどに〟という言葉は、もともと自分は持ち合わせていなかったように思えます。

若い頃は、〝妥協〟とか〝仕方がない〟なんて言動はありえなかった。いつだって真剣に、上を目指していたかった。

それが30代に入り、子どもが生まれ、自分の価値観が子どもには通用しないと悟り、１００%でなくてもいいのだと知ってからは、随分穏やかな人間になったな、と我ながら思います。

しかしながら、いまだに「のんびりする」の仕方がわからない私。今日は家でのんびりしよう、と思うと、結果的にダラダラしているだけになってしまう。

朝から顔も洗わず、Tシャツとジャージで過ごし、ソファに横になり、録りためていたドラマを観まくる。子どものお迎えのときだけジャージをデニムにはき替える。

そしてこれではまずいと思い、翌日は予定を入れまくる。

もちろん、子育てがベースにあるので、家事を済ませた後、幼稚園のお迎えまでと、私が自由になる時間には限りがあるのですが。

それにしても、お前には緊張状態か、ダラダラ状態かのどちらかしかないのか！と自分に突っ込みたくなります。

そんなときに、子育て以外で私の生活のベースにでき得るもの、ヨガに出会いました。

今までもヨガやピラティスをかじる程度にはやってきましたが、あくまでもそれは気分転換や体力作りのためであり、その枠を超えることはありませんでした。

しかし時間に余裕のある今、続けてヨガのクラスを取っていると、先週より体が思いどおりに動いたり、ポーズを取れるようになったりと、自分自身の成長を見ることができる。

まだかじりたての私が偉そうなことは言えませんが、ヨガのレッスンを受けている間は日頃の細々とした心配事や、やらなくてはいけないことから解放され、心が穏やかになります。


さて先日、公私にわたりとても仲よくしてもらっているメイクアップアーティストのサダちゃんに、いつもと違うスタジオでのヨガに誘ってもらいました。

そのスタジオは人通りの少ない道に面しており、ガラス張りで外を見ながらレッスンが受けられる。いつもは窓のない環境だったので、外の世界と結びつきながら行うヨガには、これまで気がつかなかった発見がありました。

今までは自分の内に向かってやっているような感覚だったのが、外の空気や太陽からエネルギーをもらっているような気がする!!

レッスン後、スタジオ近くのカフェでサダちゃんとランチをとる。

サダちゃん「レッスン後は炭水化物をとらないほうがいいみたいよ」

私「そうなの？　じゃあ、サラダ2種類頼んでシェアしようか？」

そうして運ばれてきたサラダは、葉が青々としておいしそう。もう一つ、マグロのグリルがのったほうのサラダも、梅肉ソースがいい仕事をしていそう。

私「サダちゃん、私たち今日は体にいいことしてるね。なんか心も体も気持ちがいいわ」
サダちゃん「ね。私もヨガを極めて安定した精神を手に入れたい」
私「そうだね！　頑張ろうね!!」
と、二人で誓い合い、サラダをムシャムシャ食べました。
　そして私たちはお互いを〝ヨギ〟(ヨガを行ずる者、だそうです)と呼び合い、ヨガによって開ける新しい世界について、熱く意見を交換しました。
　そして、その40分後。おしゃべりが盛り上がり、いえ、盛り上がりすぎて、気がついたときにはテーブルにバナナキャラメルパイが置かれており、わずか数分でそれがお互いのおなかにおさまるまでは、私たちは真のヨギになれたと確信していました。

タンパク質をとって、伸びしろを作る

7月下旬のこと。

いつの間にか梅雨が終わり、毎日猛暑が続いていた頃のお話です。

いやしかし、本当に暑い。

「去年もこんな感じだった？」と会う人会う人に確認してしまう。体が動かない。暑くても、だるくても、気力だけで生きていられたあの頃は遠い昔……。

最近よく考えることがあります。

日々、子育てだけでも鬼のように忙しい。仕事だって任されることや責任が大きくなってきて、それに費やすパワーが必要になる。もちろん、その分やりがいという楽しさが伴ってくるのだけど。

どんな状況であっても、まだまだこれからが勝負なのに、体が思うように動かない。体の調子が悪いと気分も落ち込んでしまう。

もう一度言わせてもらいますが、20代の頃はどんなに疲れても、寝不足でも、頑張れた。つらいけど、それも美談になって、〝忙しい私〟〝頑張っている私〟に酔いしれることができ

ました。

さあ、今はどうだろう。

……頑張れない。

先日39歳の誕生日を迎えました。たくさんの友人やお仕事関係の方にお祝いしていただきました。「もういいのに〜」なんて照れと謙遜を含めて言っていましたが。やっぱりうれしい。幸せだな、と思う。

さて話は戻り、39歳になり、40代という年代が私の意識にグッと入ってきた途端、なんと言ったらいいのかわかりませんが「あ、来たな」という感覚がスッと体に降りてきました。

「今までどおりにはいかないぞ」という感じ。今までだって体に気をつかってきましたが、もう一段階、意識を深く掘り下げないといけないような気がする。

思い返せば、数カ月前から真剣に取り組んでいるヨガも、もちろん楽しくて好きでやっているのですが、常に頭の中で「40代になってからの伸びしろ」というワードがちらついていました。

誤解しないでくださいね。

私は40代に突入するのが楽しみなんです。それは私の周りの40代の女性たちがとても輝いているから。ユーモアがあってお茶目でタフで、とても楽しそう。

私もそうなれるように、伸びしろが必要。伸びしろのある人と思われたい！

だから日々の体力のベース作り、健康管理が必要だと切実に思う今日この頃なんです。


口答えするし、落ち着きがないし、生意気だし……それでも可愛いと思える子どもがいる。女優の仕事もありがたいことにコンスタントにいただいている。

これらのすべてに対してありがたいと心から思う。

だからこそ。

来年40歳になるまでのこの1年は「40代を気持ちよく迎えるためのベース作り、いいもの探し」にしようと思います。

食べるものなのか、食べる量なのか、運動なのか、睡眠の質なのか。総合的に考えられるから毎日が模索の日々になると思いますが。

しかし不思議なものでヨガを始めてから、体に必要ないと思われるものはあまり食べないようになりました。例えば、油ものとかスイーツとか、なのですが。まだそこまで意識してはいないものの、なんとなく受け付けない。その代わりにタンパク質をとりたい。特にお肉を（肉好きは以前からですが）。

そうそう、お肉といえばこの夏、友人宅でいただいた、すごくおいしかった一品。豚肉を使った料理なのですが、この暑い季節にピッタリ。

豚バラに片栗粉をまぶし、沸騰したお湯でしゃぶしゃぶするだけ。こちら、ある有名人の方が、〝トンペロリン〟と名付けた料理だと聞きました。

お湯にだしや料理酒を入れてもおいしい。お肉に火が通ったら、すぐ氷水にくぐらせてくださいね。それを夏野菜（オクラ、モロヘイヤなど）やゆでたもやしなどと一緒にお皿に盛って、つけ汁につけて食べる。

つけ汁は、友人宅ではしょうゆにみりん、砂糖を入れて煮詰めたものでしたが、梅のつけだれでもおいしいはず。塩だれでも、おいしいかも。

豚バラが片栗粉によってツルンと口の中に入り、冷たくておいしい。

こちら、ぜひお試しを。

さて、以前ママ友が、「私たちって白鳥みたいよね」と言ったことを思い出しました。これまた誤解しないでくださいね、白鳥のように美しいと言いたいわけではなくて。

「白鳥のように水面から出ている部分は優雅に見せているけど、水面下では足、バタバタさせてますよ、必死なんですよ」という意味です。

なるほど、女性が年を取るということは、白鳥になるということなのね。

でも、だからアラフォー、アラフィフの女性が美しく見えるのではないか？　水の中で一生懸命バタバタもがくから、でもそれを見せないようにするから、その一生懸命さが女性の背景の一部にうっすらと出てくるから、その人なりの深みや人間性が作られる。なるほど、なるほど。

ね、年を重ねていくって意外と楽しいことじゃないですか。そう自分におまじないのように言い聞かせた、7月下旬のうだるような暑さが続いたある日のことでした。

家族そろって、〝お母さん〟の店へ

先日、夜ごはんをどこかに食べに行こう、さてどこに行こうかと家で話していたときのこと。パソコンをいじりながらふと、みんなのいるほうに目を向けると、私を除いた家族3人が顔を近づけ、何やらひそひそ相談している。

何をわざわざそんなに、とそちらの声に耳を傾けると、

「〝お母さん〟のところがいいな、僕」と息子。

「あたしも～」と娘。

「でも、あそこに母ちゃん、連れてけないだろ」と夫。

なになに？　〝あそこ〟って？　〝お母さん〟って？？　謎のワードがそちらで飛び交っている。

「なになに？　どこのこと？」と、私。

「いやいや、何もないよ。（息子に向かって）行かないよ！　絶対にあそこには!!」と、夫。

ちょっと待ってくださいよ、私だけ除け者ですか？

私のほかに〝お母さん〟がいるんですか!?とキレぎみな私に、「いや～、あのね……」と、

夫が重い口を開き、そのお店の正体を明かしてくれました。

聞けば、私が撮影などで夜に家を空けるときに、最近必ずと言っていいほどの割合で行くやきとり屋さんがあるらしい。

そこは、カウンター6、7席とテーブル席が少しあるだけの居酒屋さんで、いわゆる昭和の古き良き時代からあるようなお店だそう。

「そこが何？　なんで私が行かないって思うわけ？」

と問うと、

「いや、なんかこういうお店行きたくないって言うじゃない？」

と、口ごもる夫。

「そんなことないわよ」と言いながら、確かに、「せっかく家族揃って外食に行くのだから、もう少し違うお店がいいわ」と言ったことはあるかもしれない……と心の中で考えていると、さらに追い討ちをかけるように、

「女優さんだし」と、つぶやく夫。

女優だし……？　女優だしって……、どういうこと⁉

女優さんは居酒屋さんに行かないって意味ですか？　そんなふうに女優さんは地に足がついた生活を送ってないみたいな発言、撤回してもらえますかね⁉

……なんて文字数を無駄に使ってしまいましたが、これ、我が家では完全にネタです。

ともあれ、そのやきとり屋さんに私は行ったことがなかったので、ぜひ行きたいと、みんなに伝えてみました。

行くと決まれば子どもたちはルンルン。行きの車中でも「僕は◯◯を食べるんだ」とか、「あたしはあれ!」とか、話が止まらない。


そしてお店に到着。のれんをくぐるなり、「〝お母さ〜ん〟!」と子どもたち。私にとっては、初めての〝お母さん〟との対面。

「どうも〜。いつもお世話になっています」と、ご挨拶をさせてもらいながら〝お母さん〟を見る。年は60歳前後の華奢な女性。お肌はツルツル。そして笑顔になると、ニコ〜ッと表情がゆるむ。初対面の私でさえ、〝ただいま〜〟と言ってしまいたいくらい、〝お母さん〟を含むお店全体の雰囲気が温かかった。

「あ、ジュース買いに行こ!」と、子どもたち二人は外の自動販売機へ。

なるほど。子ども向けの飲み物はあまり置いていないが、その場合は買ってきてもいいというシステムなのね。

しかし、かなり自由に行動している息子と娘。完全に〝ばあばの家〟と、勘違いしているのだろう。

ジュースを手に戻ってきた二人。席に着くなり、「〝お母さ〜ん〟。オクラ、僕5本‼」と息子。

「そんなに食べないだろ?」と言う夫を制し、

「絶対、食べる!」と決意は固い。

「いいじゃない。ママも食べたいから、あなたが食べられなかったら、もらうわよ」と言う私に、「君にあげるオクラはないよ」とでも言いたげな顔で、こちらを見やる息子。

料理を待つ間もカウンターをはさんでの〝お母さん〟と私たちのクロストークは絶えることなく、そしてその奥には一生懸命串を焼いているご主人が見える。

ようやくこちらに届いた数品の料理は、確かにどれもおいしそう。皮もぼんじりもつくねも、そして息子待望のオクラの串焼きも、おいしそう。

これ、一見オクラだけを串に刺して焼いたように見えるのですが、食べるといい塩梅の肉のうま味がある。

そうか、これは薄〜い豚バラ肉を巻いてるんだ。焼くと脂が溶けて姿が見えなくなっているのね。うん、確かにこれはおいしい!

と、気づいたら5本頼んだオクラのうち2本を平らげていた私。そしてそっと隣を見ると、頬を膨らまして明らかな怒りの表情を私に見せる息子。

「ごめ〜ん。だっておいしいんだもん。もう少し頼む?」と気づかう私に、

「食べる。でも次はママ、絶対食べないでね!!」と言うと、「〃お母さ〜ん〃。オクラ、もう2本」と、大きな声で注文しました。

なるほどね、怒っていても、どんな状態でも、子どもたちにとってお店の〃お母さん〃と〃ママ(私)〃には、きちんとした境界線があるようだ。

「〃お母さん〃のところに行きたい」という発言を最初に聞いたときは、どこか、私が立ち入ってはいけない場所のように感じてしまいましたが、どうやらなんの遠慮をすることもなく、気づけば私自身、〃お母さん〃の作るこの空間にすっぽり入り、気持ちよさを感じていました。

普段からまったくと言っていいほど人見知りをしない我が子たちですが、そうだとしてもこの東京のど真ん中で、こんなに温かく迎えてくれるお店があるというのは、うれしい限りです。

これからも長くお付き合いさせていただきたいお店だなと思った横で、娘が、「〃お母さ〜ん〃。何かデザート〜」と言う。

すると、〃お母さん〃は、「はいはい」と言いながら、絶対にお店のメニューにはないヤクルトを出してくれた。

子どもたちが大好きなお店。おいしいのはもちろんですが、おばあちゃんに会いに行くような温かい気持ちになるんだなと、今は亡き私の祖母を思い出し、鼻の奥がツンとした、そんな瞬間でした。

2018

40歳。
40代に突入するということに、思いのほか、
衝撃を受けました。
人生を振り返ったりもしました。
40代、まあまあ痺れる年代です。
息子、小学3年生。
娘が小学校に無事、入学しました。

欲張りな私たちのシェアするランチ

新しい年を迎え、ふと抱負について考えていると、数週間前の出来事を思い出しました。これは、師走に入り、いよいよ年末、２０１７年を総括できるような悔いのない12月にしようと、心に決めた頃のお話です。

公私ともに仲よくしてもらっているメイクアップアーティストのサダちゃん。

今日も、ぽっかり空いたランチタイムに、そうだ、とサダちゃんに連絡してみたところ、「ちょうど撮影が終わったところ〜」と軽快なメールが返ってくる。

「おなかすいた〜」「私もすっごくすいてるの〜」「何食べる？」「京子ちゃんは何食べたい？」「う〜ん、あそこは？」「いいね！　あそこにしよう」。間髪入れず、餅つきのようにメッセージをポンポンと送り合う。

〝あそこ〟とは、サダちゃんお気に入りのカジュアルなフレンチレストランのこと。

私も数回、サダちゃんに連れられて行ったことがありますが、確かにおいしい。フレンチなのだけど気取ってなくて家庭的なお味。店員さんもイケメンで感じが良く、ナイスなお店。

中でも私は〝豚肩ロースのグリルとレンズ豆の煮込み〟が大好物で、いつもそれをオーダーしてしまいます。

今日は何を頼もう。

私「サダちゃん、どうする?」

サダちゃん「シェアできるように頼もうか?」

私「いいね!」

女性はいつでもシェアできるものが好きなのだ。欲張りだから。

サダちゃん「じゃあ、ニース風サラダと、京子ちゃんの好きな豚肩ロースのグリルをシェアする?」

私「それだとちょっと足りない感じだから、それぞれスープを頼もうか?」

と、〝今日のスープ〟である、赤カブのポタージュも注文しました。

なかなかいいチョイス。最近、というかここしばらくダイエットをしているサダちゃんは、目の前に食べ物が並ぶと食べすぎてしまうので、どうやら食事の量の調節に敏感になっている。

私も最近、ダイエットとまではいきませんが、食べすぎないように気をつけています。食べても太らない、なんて時代は私にはありませんでしたが、それでも普通の食生活を送っている分には、体重の増減は今まではそれほどありませんでした。

しかし、もうすぐ40歳を迎える最近の私は、体に肉がつきやすくなったなと思います。

さらにはヨガやトレーニングを頻繁にするようになってから、食欲も増したので、それによって太る、そしてついたお肉が筋肉になって、たくましいボディが手に入ってしまうという、私的にはあまり喜ばしくない循環に陥りやすくなりました。


さて、お互いに都合のいいメニューと量に落ち着き、近況報告をしているうちに、ニース風サラダと赤カブのポタージュが運ばれてきました。

おなかがすいた二人はすぐさまサラダをそれぞれのプレートに分け、食べ始めました。

ランチのセットメニューについているバゲットに手を伸ばそうとしたサダちゃん。しかし途中ではたと気づき、「我慢する」と、その表情には言葉とは裏腹にかなり迷いがある。私はサダちゃんに申し訳ないわ、と思いながら目の前でパクッとバゲットを口に運ぶ。

そしてメインの豚肩ロースのグリルが運ばれ、サダちゃんが取りやすいサイズにナイフを入れてくれました。うん、やっぱりおいしい。お肉がやわらかく、ソースのレンズ豆の煮込みも優しいけれどしっかりと味がある。

残ったレンズ豆のソースをバゲットですくって食べれば、言わずもがな最高においしい。

「おいし〜い」と歓喜の声がつい漏れてしまい、ふとサダちゃんを見れば、サダちゃんもニコニコとした笑顔を返してくれる。が、やはりその笑顔の裏には、我慢している様子が垣間見える。

メインをペロリと平らげた私たちはお互いデザートを頼もうということになりました。まあ、ここまでは想定内。食事を軽めにしたのでスイーツくらいはいいだろうと、サダちゃんはりんごのシブースト、私は柿のタルトを頼みました。

「京子ちゃん、こっちもおいしいよ。食べてみて」とサダちゃん。

「ホントおいしい。こっちも食べて」と私。

「やだ、この柿のタルトすっごくおいしい」とサダちゃん。

この辺りからでしょうか？　サダちゃんの食欲が制御不能になってきたのは……。

タルトを半分残していた私に「これ、食べちゃっていい？」と聞き、幸せな顔をしてパクパクとタルトを食べ尽くしたサダちゃん。

「サダちゃん、ダイエット中よ」。私は心の中でつぶやく。

でも確かに、食事の量をセーブしようと思うと、なんでかな、白いお米が異常においしく感じる。フワフワの食パンが愛おしく感じる。この間なんて、コンビニのおでんコーナーに浮かんだ、入れたばかりであろう真っ白いはんぺんを見て、「きゃっ、可愛い！」と叫んでしまった。

デザートを食べ終え、楽しい会話が繰り広げられている中、ちらっとお惣菜が入ったシヨーケースの上を見た私。

可愛らしいプレートにカヌレが盛ってある。

「サダちゃん、ここカヌレもあるんだね。おいしそうだよ」と、言い終わる前にハッと気づく。カヌレはサダちゃんの大、大、大好物だということを。

気づいたときにはすでに遅し。

じーっとカヌレを見たかと思うと、「一つ、食べてみようか？　ラム酒の量が肝なのよね。ここのカヌレはどうなのかしら？」と、サダちゃん。

結局こうなってしまう。楽しい会話と食事はセットなのだ。

おいしく、清々しい始まり

7月に、無事40回目の誕生日を迎えました。

30歳になったときは大人の仲間入りができたと、心からうれしく思った。できないことは何もないと、その先には輝く未来しか見えなかった。さて、40代はどうなんだろう?

誕生日前日、よくこの連載にも出てくるメイクアップアーティストのサダちゃんと、これまた知り合ってからの年月でいえばサダちゃんと同じくらい長い、スタイリストのまき姉と一緒に旅行に出かけました。

夫が子どもの世話をしてくれると言うので(ありがとう!)、急遽、誘った二人。二人とも忙しいのに、無理をしてスケジュールを空けてくれたため、当日はそれぞれ仕事が終わり次第、ホテルに向かうことになりました。

夕方に3人揃い、しばらくして食事の時間に。そのホテルのレストランでは、海で取れた魚介類をフレンチに落とし込み、さまざまな形で私たちに食べさせてくれました。

付き合いの長い、気心の知れた友人。私が芸能界に入りたての頃、忙しすぎてもはや記憶がほとんどない20代中盤、そして結婚、出産、今に至るまでの私を知っている彼女たち。彼女たちの前では何も取り繕う必要がない。

ゆっくりと時間をかけて夕食をいただいた後、それぞれお風呂に入ったり、たわいもないことをしゃべったりして時間がなんとなく過ぎていたあるとき、まき姉が、「京子！　あと30分で誕生日になるよ‼」と教えてくれました。しかしながら「あ〜。本当だ〜」と、いまいち実感のない私。

そのまままたわいのない話が続き、「京子、あと10分‼」と言われても、「そうだね〜、あと少しだね〜」という感じで、やはり私自身に実感がない。

そして時計の針が23時57分を指した瞬間、まき姉が「京子！　あと3分で……30代が終わるよ‼」と叫ぶ。

それを聞いた瞬間、私の中で〝30代が終わる〟という言葉がグルグルと回り、走馬灯のように、30代のみならず、20代の曖昧な記憶さえも頭の中を駆け巡り、もう戻れない過去なのだと、寂しい気持ちになってしまいました。

いえ、寂しい気持ち、というのはちょっと違うかも。

ただ、ここで一度自分の人生を振り返る必要があるような、そんな思いにさせられました。今までの私の生き方でよかったのだろうか。もちろん今はとっても幸せである。ただ、もっとこうしていれば、ああしていればという人生の岐路はなかったのだろうか。もう30代は戻ってこない。ああ、やっぱり寂しいのかも。でもありがとう、30代。

なんだか不思議で、そして複雑な心境でいたときに、時計の針が0時を指しました。喜んでいいのか、悲しんでいいのか、頭の中がパニックになっていた矢先、サダちゃんとまき姉がハッピーバースデーの曲をかけ、踊りだしました。

ノリノリで踊る二人。それを呆然と見る私。それでもノリノリで踊る二人。しばし二人を見続ける私。

しばらく傍観した後、とりあえずそれに加わったほうがよさそうだと、一緒に踊る私。だって私より年上の二人が体を張って祝福してくれているのだから(笑)！ しかしながらそのうちに、なんだか楽しくなってきて、気がついたら誰よりもノリノリで踊っていた私。

翌日は新年を迎えたような清々しい気持ちで目覚め、ゆっくりと朝食をいただき、3人揃って私が運転する車で帰路につきました。

それから数日間、たくさんの大切な友人たちにお祝いをしてもらいました。

ある鉄板焼き店では、私が尊敬する40代の先輩たちにサプライズでお祝いしていただきました。先輩たちは、まじめで一生懸命だけど、軽やかに生きている。人生を謳歌している。メインでいただいた牛ヒレ肉を頬張りながら、怒涛の20代、ある程度咀嚼して物事をこなせる30代を過ごし、そしてさらにはユーモアというセンスを持ちながら、一つ一つの経験を噛みしめて生きている、そんな、ひたすら一生懸命な方々を見ていると、「40代、めちゃくちゃ楽しそう」とワクワクしてしまう。

それから20代半ばからの友人たちと鶏鍋をつついたり、ママ友のお宅でホットプレートのチーズフォンデュをいただいたり。家族のように仲よくしていただいている方のお宅でお祝いしてもらったときには、スペシャルゲストで手品師が来て、子どもも大人もキャーキャー言って騒いだり。

40歳。なかなか痺れる数字ですが、自分の人生を振り返るとするなら、今、私の目の前にいる友人たちが私の宝物であり、私の歩んできた人生の証明ではないか。

冒頭で40代はどうなんだろう?と不安を覚えるようなことを書いてしまいましたが、何が不安だったのだろう。

私が先輩たちに導いてもらったように、いつか私も後輩たちに伝えられたら。

〝40代? なかなか楽しいよ〟と、笑顔で言えたら。

平穏な日々に豚しゃぶサラダ

猛暑が続いた夏の終わり、朗読劇の稽古が始まりました。

正確に言うと朗読劇ではなく〝奏劇〟と称されているのですが、今回初めての試みの舞台で、今までにない名称なので皆さんにわかりやすいよう、朗読劇とさせてください。

実際、朗読劇と違うのは、私たちが台本を読んでお話を進めるだけでなく、音楽でも物語を作っていくところ。

音楽は、弦楽四重奏団が舞台に入って演奏され、作品の内容が教誨師と死刑囚の話ということもあり、重厚感のある、かなりテーマ性の深いものとなりました。

今回の作品『ライフ・コンチェルト』で初めて気がついたのは、凶悪犯や何か人には言えない重大な秘密を持っている役を演じるには、相当なエネルギーを要するということ。

ドラマ『シグナル　長期未解決事件捜査班』で、凶悪犯役をやらせていただいたときも、なんとも言えない疲労感に襲われました。スタッフさんが撮影自体を丁寧に行っていた、という意味では時間がかかっていたのかもしれませんが、やりがいがあり、現場の雰囲気もとても良く、充実していました。だからこの疲れは何だろう?と疑問には思っていたのですが。

そして今回、私は罪を犯した娘をかばい、死刑の宣告を待つ母の役でした。最後は死刑が執行されてしまうのですが、稽古初日を終えた翌日の朝、これまた体が動かない!! 全身の倦怠感がひどく、起きることができない。いつもの私なら、夕方からの稽古の前にジムに行き、スーパーで買い物をし、子どもの夕食を作るくらいは当たり前にしているはずなのに。結局、稽古2日目は時間まで家でただ横になっていることしかできませんでした。

私の体で何が起きているのかまだわからず、3日目の稽古も体が鉛になったかのような気持ちで終えたとき、私のマネージャーのA田さんが、私の顔を見るなりギョッとし、しかしその驚きを隠すように冷静に「疲れてますね」と言いました。

「そうなのよ……なんでこんなにしんどいのかしら?」と言った私は、A田さんから「役ですかね? 『シグナル』のときもこんなでしたよね?」と言われ、確かに、なるほどと合点。心身が病んでいる役を演じると、そのキャラクターに引っ張られるのだ。

普段の自分が発する方向のエネルギーと真逆のものを求められると、それはいつもの2倍のエネルギーが必要になるということ。

ましてやポジティブなマインドではない。ネガティブなエネルギーを出すというのは、たとえ芝居をしている瞬間だけといえども体になんらかの影響を及ぼす。

少しでも元気になるために、元気になれる何かを食べたい! でも何があるのだろう。

そんなときにふと思い出し、無性に食べたくなったものがあります。

それはおよそ9年前のこと。

一人目の子どもを産み、右も左もわからないままがむしゃらに子育てをしていたあるとき、夕方になると原因不明の熱が出て、高熱のためまったく何もできないということが続きました。おそらく体のどこかで炎症が起きているのだろうけど、その場所がわからない。しかし夕方になるとまた夜中まで熱が続く。日に日に体力もなくなり、子育てを一人ではろくにできないことにふがいなさを感じ、泣いてしまうこともしばしばでした。

結果的には1カ月ほどして、検査入院をしていた病院の先生が炎症の場所を特定し、回復に至ったわけですが。その間、食欲がない私を救ってくれたメニューがありました。

ちょうどそのときにテレビで放送されていた料理番組で作っていた豚しゃぶサラダ。もやしやきゅうり、にんじんが入り、中華ドレッシングをかけて梅干しと枝豆をのせたそれは、とてもおいしそうで。早速レシピをメモし、その日に作ったことを覚えています。

だしと塩、こしょうをもみ込んだ豚バラ(豚ロースでも)を、お水にだし、梅酒適量(なければ焼酎、日本酒でも)を入れて沸騰させ、片栗粉を入れてとろみをつけたお湯でしゃぶしゃぶする。おっと、しゃぶしゃぶする前にそのお湯をコップ2杯分くらいボウルに移し、冷ましておいてください。

もやしはさっとゆで、きゅうり、にんじんはかつらむきに。しゃぶしゃぶした豚肉を先ほど取って冷ましておいたコップ2杯分のお湯に入れて冷やす。器に野菜類、そしてしゃぶしゃぶした豚肉、それらにドレッシング(しょうゆ、砂糖、ごま油、黒こしょう。ラー油は好みで)をかける。そして梅干し1、2粒と枝豆もトッピング。最後に韓国海苔を散らしましょう。

はい！　いつものようにざっくりなレシピですが出来上がり！！！

病気のときの私を救ってくれたレシピ。お野菜もたくさん食べられるし、梅干しの酸っぱさが食欲も増してくれる。

あらためて作って食べてみると、9年前と同じような、ちょっと違うような不思議な感覚。おいしいことに変わりはないのですが、それ以上に9年前の病気をしていた頃を思い出す。それは懐かしく、良い思い出とはもちろん言えませんが、今が健康であることに感謝できる。

あれから月日がたち、息子の下に娘も生まれ、大きい病気も怪我もなく、平穏に過ごさせてもらっています。

何事もない、ということの素晴らしさを豚しゃぶサラダを通して考えさせてもらった、そんな夏の終わりでした。

調味料をストックして

ストック好きだと思う。

衣類用洗剤や柔軟剤、キッチンペーパーなどの生活用品は常にパントリーに確保しているし、気に入った靴下やサプリメント、香水などは多めに買い、何かのタイミングで、友人にプレゼントしたりもする。

調味料も同じで、これと決めたアイテムは必ずストックし、切らしてしまって料理ができないなんてことにはならないようにする。ストックがあると安心するんです。そんなだから、家の中には物がたくさんあって、なかなか片づかないのですが……。

今回は、私がストックを絶やさない調味料や食材をご紹介したいと思います。

料理は大好きですが、正直、毎日の食事はマンネリになることもあるし、家族においしいごはんを作ってあげたい気持ちはあれど、技術を身につけるまでのストイックさを忘れてしまうことも多々。

そんな私が、〝調味料はこれ！〟と紹介するなんて、恥ずかしい気持ちもありますが、でもきっとどこのご家庭にも、うちはこれ、というものがあるはず。さらに皆さんのオススメのものがあれば教えていただきたいと思います。

［ろく助本舗のろく助塩］

何にかけてもコクとうま味を引き出してくれるスーパー塩。私は塩むすびにしていただくのが一番好きです。

［カルピス社の特撰バター］

これも我が家のロングヒットです。

［ホシサンの火の国ぽん酢］

この「火の国ぽん酢」は、家族ぐるみで仲よくしているしっかり者のママ、Mちゃんから教えてもらいました。彼女いわく、「豚しゃぶに最適。豚肉のうま味を消さないの」。まろやかで酸っぱすぎないため、子どもたちも大好きです。

［みりん＆料理酒］

これら二つとオリーブオイルは多少値が張っても、いいものを使いたいと思っています。食材の質に気を配れなかったときでも、上質な調味料を使えば味が調い、完成度が上がる。この二つの持つ力は偉大だと思っています。

［ごま油］

これも絶対に絶対に切らしたくないものの一つ。冷ややっこに小口切りにした万能ねぎとザーサイをのせ、ごま油を垂らすだけでごちそうに（これは女優の板谷由夏ちゃんに教えてもらいました）。

パクチーのサラダにも、ナンプラーとごま油を。多岐にわたり大活躍してくれるごま油、大好きです。

［アルドイノのオリーブオイル］

火を通して使ってももちろんいいけど、「アルドイノ」のオリーブオイルのおいしさはフレッシュな状態で味わってほしいです。サラダやカルパッチョのほか、パンにつけて食べるときなどに、ぜひ。

［海苔］

これ以上においしい海苔に出会ったことがない、というのが「お茶のモリヤ」というお店の「特上 焼海苔」です。おにぎりや手巻き寿司に。巻いた瞬間に食べてほしい。海苔の軽やかな食感と香りが口いっぱいに広がり、幸せな気持ちに（希少なもののため、時期によってはお店にないことがあります）。

［チャツネ］

もう、これは絶対に必要。子どもがいるとカレーを作る頻度が高いのはきっと読者の皆さんも同じだと思います。カレールウのパッケージの表示どおりに作ってももちろんおいしいのですが、最後にチャツネをスプーン1杯加えるだけで、コクが増します。ミートソースを作るときも同様。トマトをしっかり煮込んで水分を飛ばした後もどこか味がまとまらない、それぞれの食材が主張しているな、というときにチャツネを入れると食材すべてが同じ方向を向いてくれます。

［ピアさんのバジルソース］

親交のある陶芸家、小林白兵衛さんの奥様の〝ピアさん〟。ピアさんが育てているたくさんの野菜はどれもエネルギーに満ちあふれています。その中の一つ、バジルをペースト状にして譲ってくださるのですが、これをゆでたパスタに和えるだけ、それだけでよし。ペーストになっても、バジルの鮮度がすごい。生きてるな、と感じます。

［鎌田醤油の低塩だし醤油］

これもおそらくご存じの方も多そうな、万能なだししょうゆ。

［アルチェネロのトマトピューレ］

以前、ミラノでいただいたトマトソースのパスタが劇的においしくて。トマトソースだけなのに濃厚で。日本で何度か挑戦してみたものの、あそこまで濃厚なトマトソースには出会えずにいました。煮詰めすぎても酸味が出るし……。でも、「アルチェネロ」のピューレは2倍濃縮で、しっかり濃い。これにコンソメや塩を加えて味を調えパスタにからめるだけで、ミラノで食べたトマトソースパスタに近づきます。

［スパム］

これは、野球を頑張っている息子のお弁当に。おにぎりしか持っていってはいけない決まりがあるので、スパムおにぎりにしてエネルギーを補給させます！

結婚した10年前、いろいろな方たちからお祝いの言葉やプレゼントをいただきました。どれも私たちにとって大切で、かけがえのないものになっています。

その中で、ほかの方たちとは違ったアプローチで、お祝いの品を贈ってくださったご夫婦がいました。

だしやだししょうゆ、しょうゆ、塩など、和食に必要不可欠な調味料の詰め合わせで、それぞれに奥様が〝こんなふうに使います〟〝唐揚げの下味をこのだししょうゆでつけてね。うちの息子は大好きでいっぱい食べますよ〟……などと、ご家庭でのエピソードも含めて、使い方を書いたお手紙を添えてくださいました。

それを読んだときにふんわりと幸せな気持ちに包まれ、この先ずっと家族のために食事を作り続けるのだ、というい意味での覚悟ができたような気がしました。

こんなにも愛がある贈り物を、私もいつか誰かにしてあげたい。そのときがきたら、どの調味料をチョイスしよう？　あまりたくさんだと、押しつけがましいかしら？

考えるだけで、ワクワクしてきます。

Photo Story 2

Portrait 2021

In and Out
Populis
2018
LES PLUS BEAUX LIVRES

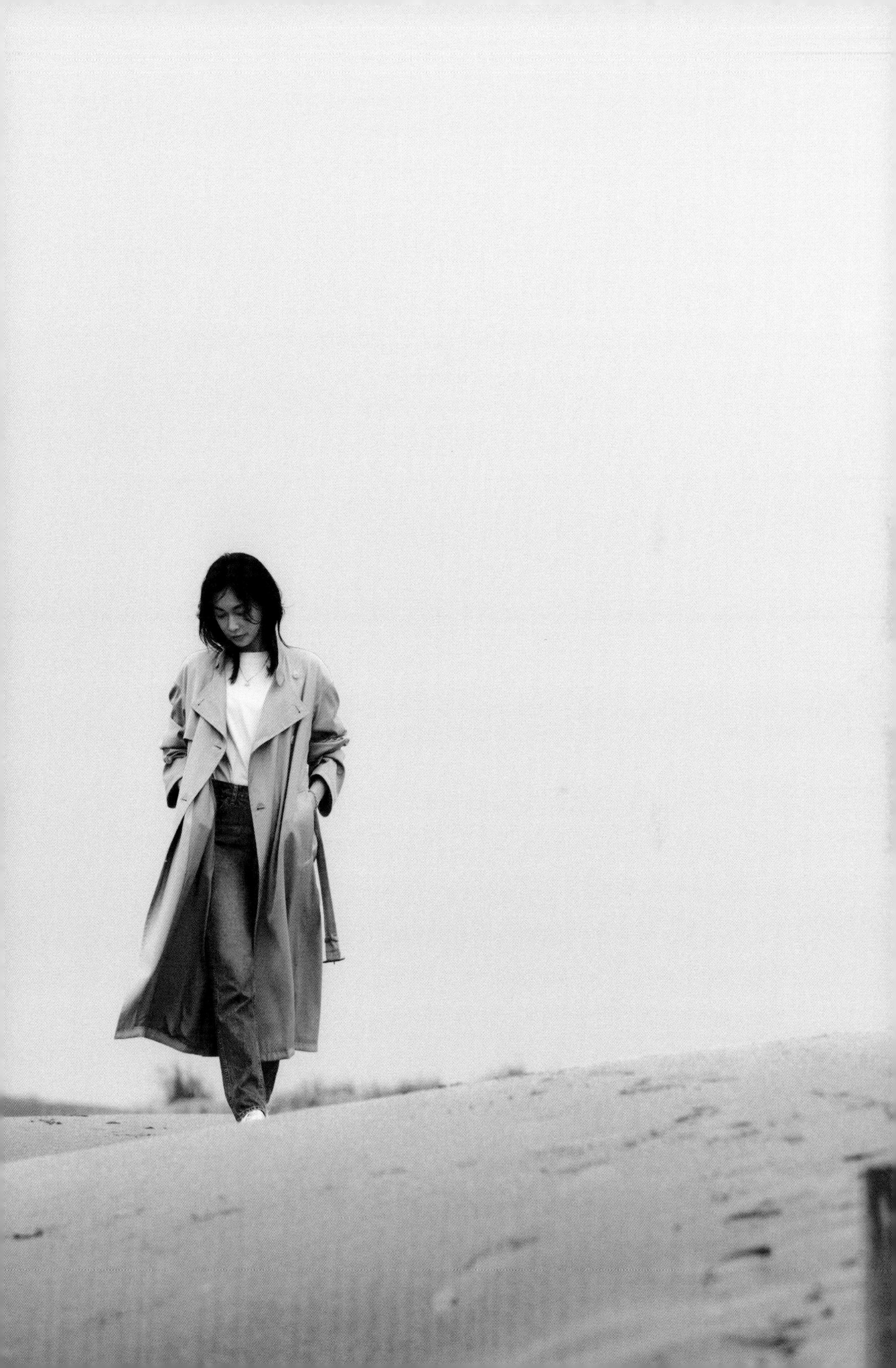

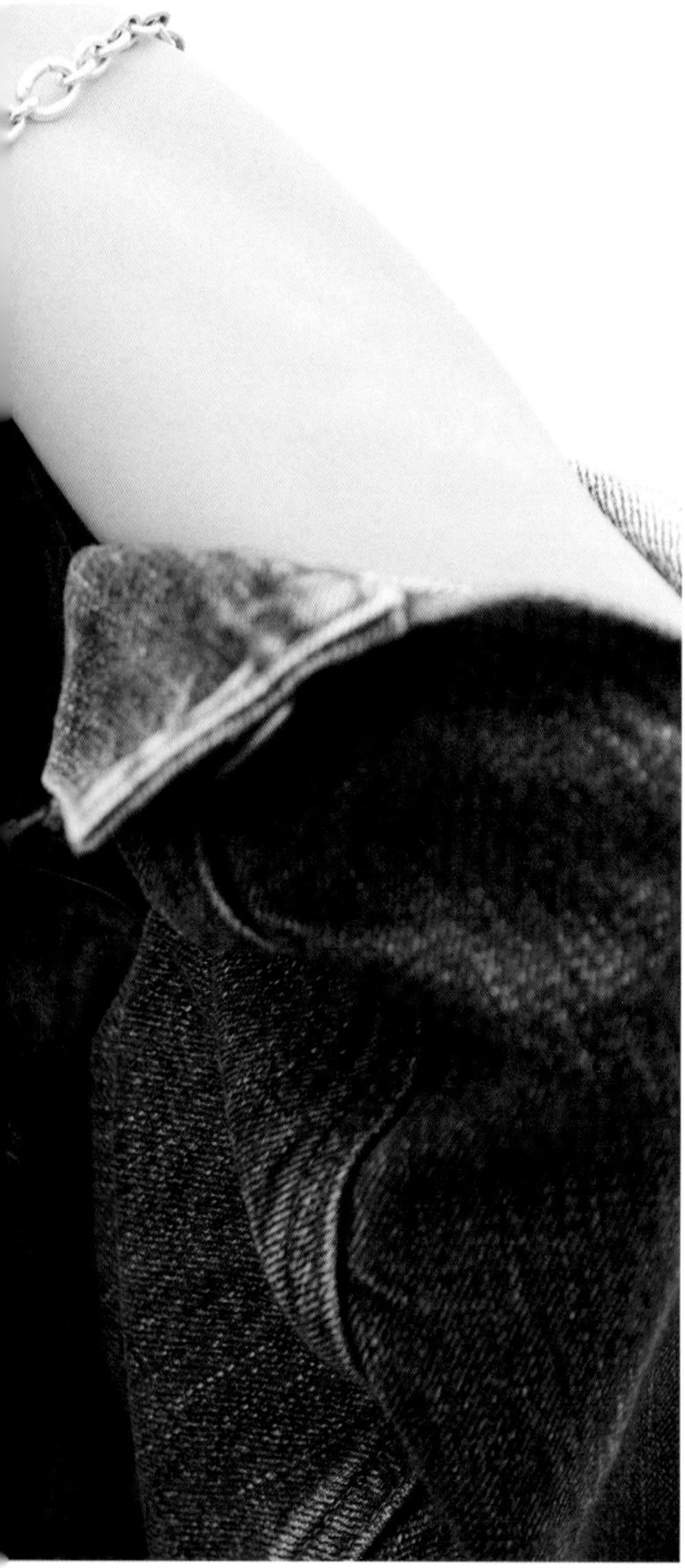

2019

この年、連載のタイトルが「おいしい歳時記」から
「おいしい暮らしの歳時記」に変わり、
〝食〟から〝生活〟にテーマが広がりました。
読み返してみると、息子小学4年生、娘小学2年生、
私との距離感が少し変わってきているように感じます。
「後ろから彼らを守る」
または「前に立ち誘導する」よりも、
「隣に並び一緒に前を見つめる」機会が増えてきました。

大人の部活動

小学生の頃、たくさんの部活に所属していました。

バスケ部、陸上部、器械体操部。とにかく体を動かすことが大好きで、常に運動をしていました。中学ではバスケ一本。高校生になってからはモデルのお仕事を始めさせてもらったこともあり、スポーツからは遠のいてしまいましたが。そして最近になって、また新たな部活に所属することになりました。

それは、「映画部」です。と言ってもこの部活、不定期開催で、部員はたった二人。私の20代の頃からの友人であり、ゴッドハンドの異名を持つエステティシャンの髙橋ミカちゃんとの活動で、お互い観たい映画を提案し合い、映画館に足を運びます。

これがまあ気軽な部活動でして。映画館で待ち合わせし、映画を観る。その後、時間があればお茶をするし、なければ映画を観ただけでその場で解散！なんてことも。即解散なんて味気ないように思えますが、お互い忙しい身、これが許される関係だからこそ続けられる「映画部」なのだと思います。

ただ一つ、問題があるんです。

「ポップコーン問題」と命名させてください。

私は映画館で食べるポップコーンが大好きです。特にＴＯＨＯシネマズのポップコーン。塩味を注文すると「バターをおかけしますか？」と聞いてくれるスタッフさんに「たっぷり、でお願いします」と答えます。「たっぷり」の部分の語気を強めてアピールします。映画を観るのはお昼前後の回がほとんどなので、この映画館に行くときはポップコーンをお昼ごはん代わりにします。

さて、映画部の活動があったある日のことです。到着が上映時間ギリギリになりそうだとミカりんに連絡したところ、「じゃあ、飲み物買っておくよ～。何がいい？」と返信が。「ありがとう。コーラと塩ポップコーン、バター多めね！」と私。「オッケー」と、ミカりん。

そして映画館に息急き切って到着、そのまま場内に流れ込みました。予告を観ながらホッとひと息、さあ、とポップコーンに手を伸ばす。おいしい。バターもリクエストどおり、たっぷりかかっている。はあ～幸せ。とポップコーンに伸ばす手が止まらない。

すると、右隣の席からにょきっと私のポップコーンをつかむ手が!? しかもかなり速いスピードでポップコーンを取っていく。……ミカりん!? もしかしてこのポップコーン、二人で一つ!? ドキドキしてきた。

20年近い付き合いのミカりんは昔からさっぱりしているというか、かなり男前な性格の持ち主。その豪快さは仕事のときだけに限らず、食べるときもかっこいい。つまり、かなりのスピードでパクパクと食べてしまうんです。どうしよう、ポップコーンがなくなってしまう。映画に集中できない。

結局、映画の中盤くらいにはポップコーンのMサイズを完食。なんだかスッキリしない気持ちで観終えた映画。これではこの素晴らしい映画部が解散の危機に陥ってしまう! 意を決してミカりんに言う。

「私、ポップコーンをいっぱい食べたいの。だから今度からは一人1個ずつにしない?」

こんなこと言ったら嫌な顔されるんじゃないかしら?

そんな心配を胸にいだきながらミカりんの顔をちらっと見る。するとミカりん、ケラケラケラケラ笑って、「京ちゃんウケる〜。オッケー!!」とひと言。

さすが、男前。

誕生日の兄妹

先日、娘が7歳の誕生日を迎えました。

誕生日当日は平日だったこともあり、とりあえずケーキは購入し、娘のお友達の姉妹に来てもらい、ささやかなパーティをすることにしました。とはいえ、娘本人にとって、誕生日は晴れ舞台。その日をまだかまだかと待ち望んでいたわけです。

1カ月前からカウントダウンが始まり、5日前になると一緒に確認をする作業が始まりました。

「ママ、あと5日で何の日だ？　せ～のっ‼　〇〇〇の誕生日～‼」

これに一日少なくとも3回は付き合わされる。まあ、私も娘の年の頃はこんなふうにはしゃいでいたかも、と思い出します。そんなに盛大なパーティこそしたことがありませんが、小学3年生の頃、お友達5人を招待し、ケンタッキーのチキンやケーキでお祝いしてもらったことをはっきりと覚えています。

幼少期の思い出は、何げないときにふらっと目の前を通り過ぎ、鮮明な色合いと香りでそのときを思い起こさせてくれることがあります。それは良い思い出も悪い思い出もしかり、ですが。

こちらが与えたいと思うものが子どもたちの思い出として残るかどうかはわかりませんが、彼らにはいろんな経験をし、感情のひだをたくさん作ってほしいと願っています。

さて、娘の誕生日当日に話は戻り、朝からテンション高すぎな娘。

「今日は平日だから、サラッとね。またしっかり別の日にお祝いしようね」と言い聞かせるが、まったく耳に入っていない様子。

すると普段、妹に憎まれ口しか叩かない息子が何かを思いついたように「ママ、ママ、僕いいこと考えた！　〇〇には絶対秘密だよ！」と、頬を紅潮させ、私に耳打ちであることを提案してきました。

まあ要するに、妹のために、お年玉でたまったお金で大きくて甘いいちごを買ってあげたいとのこと。その日は夕方から水泳教室があり、その帰りに一人で買ってくると言うのだ。普段は目が合えばケンカしかしない二人なのに、なんて泣けてくることを考えつくのだろう。

そして夕方になり、水泳バッグと、いちご2パック、ジュースやお菓子をたくさん入れた袋を持って帰ってきた息子。どうやらお祝いに来てくれる姉妹もジュースやお菓子でもてなしたいらしい。

しばらくしてその姉妹がお母さんのMちゃんとともに到着。するとそこで事件が!!　Mちゃんが大量にいちごを買ってきてくれている～!!

「わあ～、こんなにたくさんのいちご、ありがとう!」と言いながら、チラと息子を見る。ショックを受けたのか一点を見つめ、微動だにしない。

それでも気を取り直し、買ってきたジュースとお菓子で娘と友人姉妹をもてなそうとするが、彼女たちはプリンセスの衣装に着替えるため忙しい。そのそっけない態度に追い討ちをかけられたのか、息子は「あ～」とひと言残し、去っていってしまった。

そして、ただただ呆然としている息子が向かった先はお風呂場。

そっとしておこうと、離れた場所で見守っていたが、なんとお風呂場から泣いている声が。妹が、みんなが、間違いなく喜んでくれると想定して立てたプランだったのに……。

お風呂場で、シャワーを浴びながら号泣する息子に心の中で、

「男心がわからないママと妹でごめんね……」

と、心の底から謝罪した、記念すべき娘の誕生日でした。

私のプライムタイム

ドラマ『ミストレス〜女たちの秘密〜』の撮影が終わり、随分、心に余裕が出てきたなと感じる今日この頃です。この数カ月は、平日の朝、子どもを学校に送り出した後すぐに自分もそのまま撮影現場に向かうというような生活を送っていました。

それが今は、子どもが学校に行ったら、その後ソファでうたた寝ができてしまう！　1、2時間、ウトウトとするこの時間が至福なのです。

そうなると必然的に寝る時間も少しずつ遅くなってきていて。撮影中は体力的にもカメラ映り的にも、1秒でも長い睡眠時間を確保したいと躍起になっていたのですが、今は朝も寝られるし、カメラを向けられることもないので、私的に少し生活が乱れてもいいかな、と思っています。

そんなわけで、私にとってのプライムタイムは、朝の子どもが家を出た後、そして夜の子どもが寝た後の時間です。

録りためていたアメリカのドラマを観るでもよし、ネットでお買い物をするでもよし。ただ夜も更けてからのお買い物は判断力が鈍るので、深入りしすぎないように。

数分ごとに「ママ〜」と呼ばれることもなく、誰に邪魔されることもない。この時間はバタバタとした日中の時間からかけ離れ、自分と向き合うことのできる貴重なものなんです。

そんなある週末。この日は特に用事もなく、ここぞとばかりにダラダラとベッドから出ずにいた私。

息子は朝から野球の試合に。夫も息子に同行しているため、家には私と娘の二人だけ。私がなかなかベッドから出られずにいると、娘が寝室にひょいと現れ、

「ママ、今日はゆっくりしてていいからね♡」

となんとも甘い声でささやいてくれる。その声にとろけそうになりながら、

「ありがとう。じゃあもう少し寝るね」と答える私。

なんて優しい、思いやりのある娘なのだろう。幸せな気持ちにひたりながら、また夢の中に入る。そして30分、いや、もう少したったであろうタイミングでまた娘がやってきて、

「ママ♡　まだゆっくりしててね」とささやいてくれる。

娘の気持ちにうれしさを感じながら、とはいえ朝も10時を過ぎ、これ以上寝られる感じでもなく、そろそろかとベッドから起き上がりました。寝すぎてボーッとした頭でフラフラとリビングに行くと、そこには信じられない光景が!?

娘が自分を囲うように小さいテーブルやブランケットで基地のようなものを作り、そしてお菓子をいっぱいに広げ、大好きなディズニー・チャンネルを観ているではないか!! そしてハッとした顔でこちらを見る娘。そういうことか、そういうことだったのか。娘の優しさを全否定するわけではないが、こういう魂胆があったのね。私だけではない、娘にもあった。週末の朝が彼女のプライムタイム。

香りについて

男性は視覚で、女性は聴覚で恋に落ちると聞きました。
確かに。男性側のことはよくわかりませんが、女性が恋愛について話すとき、「〜の声が素敵」「〜にこんなふうに言われた」と、声からその人の色気や人となりを感じたり、言われた言葉の真意や裏を読もうと必死になったりする。耳から入る音や情報は女性にとって重要なのだ。

しかしながら、聴覚と同じくらい私にとって重要な五感の要素があります。
嗅覚です。普段はもちろん、特に役作りをするとき、嗅覚は私の中で欠かせない五感の要素なんです。そして、役を構築していくうえで最近、必要不可欠なアイテムがあります。

香り、香水です。

ここしばらく、キャラクターの強い役をいただくことが多かったというのもあって、素の状態ではなかなか役に入ることが難しくて。そんなときに、そのキャラクターをイメージする香りを決めて、つける。すると何よりも香りが先頭に立ち、役を引っ張っていってくれるということが多いんです。

それはキャラクターの強い、エッジの効いた役であればあるほどそうで。逆に日常的な、というかリアリティのある役や良き妻の役をやらせてもらうときは（最近はあまりありませんが〈笑〉）、何もつけずに。

ドラマ『ミストレス～女たちの秘密～』では香りをまとうことが、香織というキャラクターに近づくうえでとても重要でした。あんなに雰囲気のある女性を素では演じられません（笑）。香織になるために香りをまとう。おっ、我ながらうまい。

では演じる役の香りをどうやって見つけるのか。

これは出会いや縁と一緒で、この役を演じると決め、その意識が身についたとき、周りの素敵な女性たちの誰かがその役にふさわしい香りをまとっていたりするものなんです。

自分の演じてきた役を思い返すとき、出会った人を思い出すとき、異国の地を訪れたことを思い出すとき、決まって香りがセットでついてくる。

嗅覚で得られた情報が記憶に残り、感覚として残るみたいです。

この年になったからつけられる香りがあるな、と思う。

爽やかな、とかロマンティックな、といった単調な香りではなく、言葉にできない複雑な香り。年を追うごとに、ある程度の酸いも甘いも経験し、さらに複雑な香りをまとうことで、その女性の知性や品、色気、そして生きてきた背景さえも演出することができる。

香る。写真や画面からさえも匂いそうな、香り立ちそうな、そんな女性が私は好きみたい。

子どもたちのサマースクール

この夏、子ども二人を2週間の海外でのサマースクールに預けることを決めました。理由は、英語に慣れ親しんでほしいのはもちろん、家ではどうしても私への甘えがあり、なんでも頼りっきりになってしまっているのが春からの悩みでもあって。だから、少し親元を離れて自分で生活をする、ということを経験してほしいと思ったんです。

そしていろいろな国の人と触れ合うことで、さまざまな価値観を受け入れられる心の広さを身につけてほしい、そうも思いました。そのすべてを理解できる年齢でないことは重々承知のうえですが、思い立ったら吉日とばかりに、早速手配に取りかかりました。

場所はイギリスのオックスフォード。留学先の選定や手続き、何から何までお世話になったのが「ウィッシュインターナショナル」という留学エージェントでした。実はこちら、私が23歳のときにお世話になったことがある会社なんです。

当時、会社と同じ名前の『ｗｉｓｈ』という留学専門誌を出していたのですが、その誌面での企画でサンフランシスコに2週間行き、ホームステイを。それがとても楽しかったので、数カ月後、さらにプライベートで2週間、サンフランシスコに行きました。

それから15年以上を経て、今またこんな形でお世話になるなんて！　何かの縁を感じずにはいられませんでした。学校への申し込みや手配、準備もスタッフの方のおかげでスムーズに進み、出発前に子どもたちにオリエンテーションを受けさせることに。やはり初めての親元を離れての寮生活、しかも日本語は通じない。前もって覚悟しておく必要があることを、スタッフの方が私の子どもたちに説明してくれました。

例えば「いろいろな国のお友達が集まってくるから、もしかしたらあなたたちがビックリするようなことをする子がいるかもしれない。でもそれはそんなものかな、とあまり深く考えずに生活してね」とか、「積極的に英語を使い、とにかく〝ありがとう〟と〝ごめんなさい〟は、きちんと言おうね」など。

ふ〜む。これって、異国の人との間に限らず、私たち大人にも当てはまる、人間関係をスムーズにいかせる処世術みたいではないか。

これらの話を真剣に聞く二人。特に息子はもらった留学のしおりにしっかりと細かくメモを取っている。若干ナイーブになっていた息子も、説明を聞いているうちに、希望や楽しみといった表情を時折見せるようになっている。

娘はというと、マイペースな彼女には似つかわしくないくらいの真剣な表情で話を聞いている。彼女なりにいろいろと考えることがあるのかしら？と、娘の今まで見たことのない表情に心打たれている私。

するとまっすぐに右手を伸ばし、

「ちょっといいですか？」と娘。

「はい、どうしましたか？」とスタッフの方。

「あの〜、水着を持っていくって言ってたんですけど〜、それは上と下が分かれてるヤツですか、くっついてるヤツですか？」と超まじめな顔で、質問する娘。

「どっちでもいいわ！」と心の中で叫ぶ私の横で、「大切なところが隠れていれば、どちらでもいいですよ」といたって普通に答えるスタッフの方。


そうか、相手の想定外の反応に心を乱してはいけないのか!!と、オリエンテーションで子どもたちよりも学ぶことが多かった私。

さて、サマースクールを終えて帰ってきた子どもはひと回りもふた回りも成長してくる、とよく聞きますが、我が子どもたちはこの2週間で何を得て、吸収して、帰ってくるのでしょうか？

写真集を出しました

私ごとなのですが、写真集を出させていただきました。

16年ぶりです。前々から、何か私なりに思いを形にして伝えることができたら、と周りのスタッフに話していました。そして今回、このような機会をいただきまして。

物事は縁とタイミングが大事だと考えています。

望み、つかみに行くことはもちろん素晴らしいですが、そのタイミングでないときにいくらあがいても、結局、うまくいかないことがある。準備をして〝待つ〟ということも縁をつかむためには必要なのでは、と考えています。と言っても私はせっかちなので、なかなか〝待ち〟の姿勢を取ることは難しいのですが……。

今回、撮影をお願いしたのは沢渡朔さんという巨匠のカメラマンさんでした。〝人物〟〝女性〟〝色気〟これらのキーワードの解釈が私の描くそれと合う、いえ、それ以上の見解をお持ちなのが沢渡さんでした。

スタイリストさん、ヘアさん、メイクさん、そしてほかのスタッフさんたちと挑んだ撮影はとにかく楽しく、頑張って一生懸命撮影をする、というのとは一線を画すものでした。

もちろんいつも真剣に取り組んでいるのですが、アプローチが違う、とでも言うのでしょうか。ポイントは逃さずに、ふざけるときはまじめにふざける。軽やかに取り組む。そんな言葉がふさわしいと思います。特に今回の撮影で感じたことは、いかに楽しくやり切れるかの大切さ、でした。

当然、思いどおりにいかず撮影が滞ることも、皆の意見が一致しないこともあります。そんなときこそ、あえてどうでもいい話をして空気を変えてみたり、大変な事態をネタにして笑い飛ばしてみたり。

急がば回れと言いますが、一度脱線してみると思いがけず正解にたどり着けるときがあると感じています。少し俯瞰して自分自身や物事をコントロールしてみる。

私の周りには、そんなふうに仕事や子育て、そして人生を楽しんでいる模範のような友人がたくさんいます。女性は本当にすごいと思う。多くのタスクを、多様さを持って、そして多面的にこなしている。現代の女性はマルチタスクであると、どなたかが言っていましたが、そのとおりだと思います。

今回の写真集には、そんな素晴らしい女性たちに向けた敬意が込められているんです。そして心から楽しんで気持ちを込めた作品は、〝気〟が皆さんのところに伝染すると信じています。頑張って生き生きと人生を歩んでいる女性に、少しでも共感してもらえることを心から願って。手に取っていただけるとうれしいです。

母がくれた言葉

東京の大泉学園で生まれ、すぐに父の仕事の都合で大阪へ、そして4、5歳のときにまた父の転勤で千葉へ。千葉でまた住まいを変え、小学1年生のときに今の実家がある柏市に落ち着きました。その後も父が単身赴任で数年不在になることがあり（週末などには帰ってきていましたが）、母は私を含め3人の子どもの世話を一人でしていました。

それを今、子育て真っ最中の自分が想像すると……、それだけで頭が混乱しそうになります。本当に、大変だったと思う。きっと体力的にも精神的にもいっぱいいっぱいで、どうにもならなかったこともあったと思います。

そんな中、幼少の頃の思い出として、一つ、おまじないのように繰り返し母から聞かされた言葉があります。

「あなたはダイヤモンドなの。磨けば磨くほど光り輝くんだから。磨けば磨くほど」

要するに成長するためには努力を怠るな、ということなのですが。

まだ幼かった私には言葉の真意はつかめなかったものの、漠然と「私ってダイヤモンドなんだ。磨けば光るんだ」と、自分の能力は無限大だと信じ込むことができました。

最近、一緒に食事をしていた友人に、「なぜ自分を成長させるための努力を、そんなにもできるのか?」と聞かれました。

私としては特別なことをしておらず、いまいちピンときませんでした。でも、確かに育児に、仕事に、となるとそれだけでも頭がいっぱいになるし、物理的に時間をさくのが難しいときもありますが、それでも自分が自分らしく、元気に楽しく過ごせるように、トレーニングをしたり映画を観たり、外にアンテナを向けるのを忘れることはないかもしれません。

そんなことを考えながらふと、先ほどの母に言われ続けた言葉を思い出しました。あの言葉のおかげで、自分の成長に関して限界がないと思い込んでいる部分があるんです。大人になってそれなりに現実も知り、社会から見た自分というものもある程度はわかっているつもりなのですが、それでも「やればできる」と思えるし、ここからまだ伸びる、と根拠のない自信を持つことができる。

ここが限界だ、と思うか、ここから私はまだいける、と思うか。直面する現実は一緒なのだけど、考え方一つで見える景色も結果も、さらには人生の豊かさも変わるのではないか。そんなことを最近よく思うようになり、そのたびにやはり、言葉の持つ重みについて考えさせられますし、母に幼少の頃、おまじないのように言い続けてもらったことに感謝しています。

2020

この年はどなたにとっても人生の中で
大きな一年になったと思います。
あらがいようのないコロナ禍の出来事に
ただ、従うしかない日々。
その中で〝自分自身〟に向き合う時間が
増えた方は少なくないと思います。
私自身もこの環境でできることを、と
ＹｏｕＴｕｂｅのチャンネルを開設しました。
右も左もわからない新しい領域で、
模索する毎日です。

子どもたちの旅支度

昨年末、親しくさせてもらっている友人家族（A家）とハワイに行ってきました。正直、独身の頃はハワイに対してそれほど魅力を感じていなかった私。当時の旅行はNYやパリなどの都会でショッピングや美術館巡り、舞台鑑賞などをして刺激を受けるか、タイやバリなどの山奥でマッサージと読書にふけるか。

しかし子どもができて、そんな旅行は皆無になり、子ども中心の旅になってからは、ハワイの気候の良さ、海や山に囲まれた恵まれた環境、そして優しい人たちに、これ以上ないパラダイスだということを実感しております。

今回はA家一家とコンドミニアムで一緒に宿泊することに。我が家2人、A家3人の計5人の子どもたち。みんな幼稚園の頃から仲がいいため、こんな楽しい旅行はない！とばかりに大張り切り。

運良く、広い子ども部屋がある部屋を借りられたので、これは楽しいだけでなく、子どもたちに共同生活の中で自立することを学んでもらう機会にしようと、私とA家のママのMちゃんとで計画を立てました。

子育ての考え方も人柄も非の打ち所がないMちゃんは、子どもたちに旅のしおりを作ってくれました。持ち物リストから、みんなで楽しく過ごすための約束まで、これまた完璧な旅のしおりを。

ハワイに行く1週間前、A家の家族と集まり、子どもたちにオリエンテーションをしました。みんな、メモ用紙と鉛筆を持って、フンフンとMちゃんの話を真剣に聞いている。めちゃくちゃ可愛い。彼らなりに必要なことをメモしているのだろうか。

Mちゃんが注意点を読み上げる。

「自分のことは自分でしましょう。例えば、お風呂に入るとき、脱いだ服はどうするの?」

うちの子どもたち「洗濯かごに入れます」

A家子どもたち「たたんで子ども部屋に持っていきます」

はい、正解。じゃあ、お風呂から上がって体をふいたタオルはどうするの?

うちの子どもたち「洗濯かごに入れます」

A家子どもたち「タオルかけにかけます」

はい、じゃあ次。朝起きて着替えるとき、脱いだパジャマはどうするの?

うちの子どもたち「洗濯かごに入れます」

A家子どもたち「まだ着るので、たたんでクローゼットにしまいます」

見てください。うちの子どもたちの答えの選択肢のなさ。普段の生活態度が垣間見えてしまいます。

　まあそんな感じで、ハワイに行く準備を自分たちでやらせるために、今回は手を出すまいと決めた私です。足りないものがあったとしても、それはそれで本人が思い知り、次に生かせるのではないかと。

　洋服をきちんとたたまずに、ぎゅうぎゅうとそれぞれのスーツケースに押し込む姿を横目に、手を出しそうになるのを必死でこらえました。

　必要がないようなぬいぐるみをいくつもスーツケースに入れる娘に、何度も「それ絶対ハワイで迷子になっちゃうよ」と言いそうになる自分の口を必死で押さえました。

　子どもの成長をいろんなシーンで見ることができますが、旅の準備を自分でするなんて随分と大きくなったな、と思います。私たち大人もそうですが、「学び」というのは、失敗から得ることがたくさんある。お釈迦さまのように半眼になり、すべてを見すぎない、ということが育てる私たちにも必要だと、あらためて感じた旅支度でした。

ステイホーム期間中のこと

東京都のコロナ禍による緊急事態宣言が5月25日に解除され、少しずつではありますが街が日常を取り戻しつつある今日です。これを皆さんに読んでいただいている頃は、また状況が大きく変わっていることだと思いますが、すべてが良い方向に進んでいることを祈るばかりです。

また、休校していた子どもたちの学校も6月に入って再開したばかり。週に1回の登校が2回、3回へと増えるのは、これから状況を見つつのことだと思います。これを読んでくださっている頃には、今までどおり、とまでは言わずとも、子どもたちがストレスを抱えることなく、楽しい気持ちで学校に通えていることを願うばかりです。

このステイホーム期間で行動が制限され、できなかったことがある。でもその反面、こんなときでなければ気づけなかったこと、できなかったこともあると思います。

私の場合はどうだろう?

まず何より子どもたちと過ごす時間が増えました。朝起きて朝食をとり、そのままその日の課題に取りかかる。学校で決められている朝の検温は、結局、毎日こちらから声がけをしないと自発的にすることは一度もありませんでした。毎日のことなのに……。

朝食後の歯磨きも、私が言わないといつまでもふざけたり遊んだりしてやらない。小学校5年生と3年生だというのに、それくらいのことも言われなくちゃできないのかと、うんざりする。

そして勉強の時間。これまた下の娘は私がくっついて一緒にやらないと、親の目を盗んではボーッと窓を見て物思いにふけったり、席を立って踊りだしたり。息子は自分でその日の課題を決め、勝手にやってくれました。これにはとても救われました。もし、息子まで娘のようだったら私の身がもたない……。そうしている間にお昼ごはんになり、その後は家の前などで運動させたり、自由時間があったりして、あっという間に夜ごはんの支度が始まる。

こんな毎日の繰り返しでしたが、だからこそ家族で膝を突き合わせ、お互いの話がたくさんできたのかな、と思います。

その瞬間、瞬間では子どもたちに対してあれをしろ、これをしろと、怒ることがたくさんありましたが、数カ月単位で見ると二人とも体が大きくなって、娘はこの間まではいていたジーンズがムチムチのパツパツで入らなくなっていたり、息子は成長期真っ盛りなのか、頭が今までと違う香りを放っていたり(笑)。成長を感じることもありました。

あっ、息子がゴミ出しをしてくれるようになりました。それから娘が起きた後のベッドをきれいに直してくれるようになりました。息子と娘がドラマ『ドクターX～外科医・大門未知子～』にはまりました(笑)。そして私はなぜかクッキー作りにはまり、5回くらい焼きました。早寝生活になり、睡眠時間もたくさん取れたので、夢をたくさん見ました。

子どもでさえ、それぞれが、自分で自分の体を気にかけるようになりました。私も娘の体調が少し悪いだけで神経質になったりして、不安にかられることもありました。

どうなるの？　いつまで？　誰もわからない。

自分のペースをそう崩さない私でも、先の見えない不安がストレスになっていたのは確かです。皆さんも、同じだと思います。

しかしこんな状況下でも毎日を、瞬間を、過ごしてこられた皆さんには、もう怖いものはなくなることを願っています。

私もこれから先、何が起きても風のようにフワリと、柔軟に曲がるが芯は強い針金のように、自分を見失わず、強く優しく生きていきたいと思います。

(このエッセイは、2020年6月初旬に書かれました)

おなかまわりの……

ここ2、3カ月ほど前からの悩みがあります。今までなら少し努力をすればどうにかなっていたはずのもの。でも、思うとおりにならないのです。頑張っているのに。厳しい現実が私の前に立ちはだかる。私の下腹部につきだした、おなかのお肉。それは容赦なく現れて、ここが昔からの住処であったかのように居座っています。

この上半期の自粛生活で太らないように気をつけていたものの、やはり人に見られているという緊張感が皆無だったためか、おなかに薄く浮き輪のように脂肪がついてしまった。そんなにたくさんの脂肪がついているわけではないのに、遠目に見た体のシルエットが崩れている。

今までも太ったりやせたりはもちろんありましたが、明らかに今回の肉のつき方は違う。私は誕生日を迎えたら、42歳になります。そう、世の中に平等というものがあるとすれば、年齢は皆、平等に重ねていく。エクササイズをおなかに効くものに変えてみたり、回数を増やしてみたり、食べる量を少し減らしてみたりしたものの、ここに居座った脂肪は微動だにしない。

トレーナーの方いわく、女性のおなかまわりにつきやすい皮下脂肪というものは一番最後に落ちる脂肪で、とてもやっかいなものなんだそう。

遠い昔、狩猟で食物を調達していた時代、食べ物がなくなっても女性は燃焼しにくい皮下脂肪を多く蓄えているため生きのびやすかったそうです。逆に筋肉量が多い男性は脂肪の燃焼が早く、あっという間に弱ってしまうんですって。

なんだ、じゃあ世が世なら、このおなかについた皮下脂肪は生命力の源と言えるのではないか。さらには、女性の美の象徴とさえ言っても過言ではないのではないか。

と、開き直れたらよいのだけど、やはりそうもいかない。

最近、大きくクイッと上がったヒップ作りのトレーニングに励んでいましたが、それと同時に、いえ、こちらのほうを優先的に、どうにかしなくてはいけないみたい。

これはもう視点を変えて、自分を実験台に、40代女性のおなかまわりの脂肪の落とし方を突き詰めて考えてみようと思う。答えが出たら皆さんにお伝えさせてくださいね。これから先、年齢を重ねるごとにきっとこの手の悩みは増えていくことだろう。やっかいさを増して。果たして自分にはどれだけこの問題に立ち向かい続ける体力が残っているだろう。

やるしかない、今はやるしかないのだ。

2021

息子小学6年生。
来年は中学生かと思うと、とても感慨深いです。
多くのことに手伝いが必要だった彼が、
自分でテスト勉強をするし、
友達との遊びの約束も自分で勝手にしてきてしまう。
授業参観に行っても、以前は学校で会えばうれしくて
抱きついてきてくれたのが、
今では気配を消して、いないフリをする。
寂しいこともありますが、まるで大人同士で
しゃべっているかのようなテンポ感で
会話ができるようになったりと、
個の人間としての付き合い方が、おもしろくもあります。
娘は小学4年生。彼女は相変わらずマイペース。
自分の世界を突っ走っています。

年齢を重ねて感じる変化について

実は1年ほど前から、あごまわりの肌のトラブルに悩まされています。

以前は仕事がハードだったり、撮影が長引いたりしたときに、発疹のようにブワーッと出て、1日、2日すると治る、という感じだったのですが、この1年は頻繁に出て、なかなか引かない。症状が穏やかなときもあるのですが、突然赤みを増したりもするので何が原因なのかまったくわからないのです。皮膚科に行っても特定の原因を見つけるのは難しく、外用薬もあまり効かないし、それだけでは根本的な解決になっていない気がするので、ほかの原因を探してみる。

睡眠。基本的に早寝早起きの生活で、睡眠が足りていないということもないと思う。

食生活。これも基本的に家での食事がメインだし、お酒もそんなに飲まない。和食中心である。とはいえ、昼、夜の食事を外でとることもあり、そのときはなんでも食べる。いろいろなことを頭の中で整理してみると、やはり見直すべきは食生活か？

いや、もっとはっきり言うと、今までは問題のなかった食生活がこの年になると体に負担になり、発疹という形で危険信号を出すほどになってしまっているのではないか。

もうですね、40歳を超え、年々体の変化を感じざるを得ないんですよ。体力だって明らかに落ちているし、ひと晩寝ただけでは疲れはもちろん取れない。疲れが蓄積されれば、頑張りたくても、頑張れない。

あんなに気持ちだけで突っ走ることができた私が、体が疲れ果てると抜け殻のようになってしまう。要するに無茶ができない。体型だって、今までよりも食べる量は確実に少なくなっている、のに太る。肉のつく場所もどこか可愛げがない……。結果、体の変化に打ちひしがれる日々なのです。

でもまあ、それはそれでそれなりにやっていくしかないし、正直、20代の若い頃より仕事でのパフォーマンスは上がっていると思う。ダラダラと長く、ではなく限られた時間内で結果を残そうと思うから、瞬間の集中力は今のほうがあるかも。それに若い頃より他者への配慮ができる余裕が備わってきた今、しっかりと人間関係を築けるようになったとも思う。つまりは、今が一番楽しいのだ。

私が思うに、人間は何かが欠けてくるとそれを補うために別の能力を引き出すことができる生き物なんだと思います。

清濁併せ呑む、と言いますが、良いことも悪いことも公平に、あるがままを受け入れられる余裕を心に持とう、とあらためて感じたのでした。

赤ちゃん育児と〝豆腐かけごはん〟

最近思い出した懐かしい食べ物があります。

息子が生まれてまだ3カ月くらいの頃かな？　いえ、もう少したっていたかな？　とにかくそれくらいの頃。

お子さんがいらっしゃる方は共感してくださると思いますが、とにかく、この頃の子育て中の食事は座ってゆっくり食べることなんてできない‼

寝ていてくれればラッキー、でもそんなにこちらの都合で「はい、寝ま〜す」と寝るわけがない。

座りながら抱っこして、片手で食べるか。でもなぜか赤ちゃんって「座って抱っこ？　楽するんじゃね〜よ！」と言わんばかりに、立って揺らしていないと泣き叫ぶ。

結果、赤ちゃん片手に立ったままごはんを食べるか、何かおもちゃ的なものに興味がいっている間にすかさず食べるか、の二択なのです。

仕事で帰りが遅くなってしまったある日、赤ちゃんはまだミルクだけなので、とりあえず自分の食事を適当に、と冷凍しておいた十六穀米＋黒米のごはんをチンする。火を使うのも面倒くさくて、冷蔵庫にあった絹ごし豆腐に乾燥塩昆布と、前日に使って残っていた万能ねぎの小口切りを散らして、その上にごま油を回しかける。

今晩のごはんはこれでいいやと、息子がちょうど何かのおもちゃに夢中になっている間に済ませてしまおうと席に着く。

この静寂がいつまで続くか、ドキドキしながら豆腐とごはんを交互に食べる。

案の定、数分後には向こうからぐずぐず、と聞こえてくる。

聞こえないふりをして食事を続ける私。「聞こえんのか～い」と言わんばかりにぐずぐずが泣き声に変わり、耐えがたい音量になりそうなのを察知して、よしと席を立ち、息子をあやす。しばらくしてまたおもちゃに夢中になったのを見届け、席に座る。

10分ほど席を立っていたでしょうか？

豆腐に散らした塩昆布とねぎにごま油がいい感じになじんでしっとりとしている。これをごはんにかけたら間違いなくおいしいはず。だったら豆腐ごとごはんにのっけて食べれば、おいしいうえにお茶碗一つで済むなんて一石二鳥じゃないか⁉と、残った豆腐を雑にごはんにのっけてスプーンでひと口食べる。おいしい‼

十六穀米＋黒米の歯ごたえのあるごはんに、やわらかい絹ごし豆腐とごま油がよくしみ込んだ塩昆布とねぎが絶妙なハーモニーを奏でている。しかも、これなら立って赤ちゃんをあやしながら食べられる。

行儀がいいとは言えないし、手間もかかっていない分バランスの良い食事とは言い難いけれど。まあ一応タンパク質も野菜も入っているし、しばらくはこれだな、と食べ続けた〝塩昆布とねぎのごま油ソース、豆腐かけごはん〟。

そんな赤ちゃんの育児真っ最中だった頃を思い出すと感慨深く、あの頃頑張っていた自分を今さらながら褒めてあげようと思いました。

子どもたちといちご狩りに

子どもたちが春休みに入った3月下旬。息子と娘、それから娘のお友達二人を連れて、千葉にいちご狩りに行きました。

この日は快晴、桜も八分ほど咲き、ドライブ日和。みんなご機嫌で千葉に向かいました。娘と娘のお友達二人が後部座席に、息子は助手席に乗り、向かう道中は、息子がＤＪとなり音楽をかけてくれる。

最近、子どもたちが大きくなってからの発見です。最新のＪ－ＰＯＰ事情を子どもたちから教えてもらえる!!　ＹＯＡＳＯＢＩだってＡｄｏちゃんだってｙａｍａさんだって、ほかの同年代の方より、少しだけかもしれないけれど早く情報を仕入れていたと思う。

とにかくみんなご機嫌で向かっている道中、後部座席の娘たちがあっちむいてほいを始めました。とっても楽しそう。あっちむいてほいで、あそこまで盛り上がれるなんて、若いって素晴らしい。ね、息子よ、と同意を求めようと隣を向くと、息子が右手と左手を器用に使って、一人であっちむいてほいをしているじゃないか!?　最初は一生懸命後ろを向いて仲間に入れてもらおうと努めていた息子も、盛り上がってしまった輪の中には入ることができず……。助手席と後部座席、この距離がこんなにも遠く感じられたことはかつてなかったであろう。

ひっそりと一人で遊ぶ息子が不憫で不憫で、思わず、ごめんね、君のお友達を誘わなくて、と伝える。

春休みとちょうど金曜日だったことも相まって、移動に思いのほか時間がかかってしまったけれど、無事到着。いちご農園のお兄さんに、いちごについて教えてもらう。

その農園には4種類のいちごがあり、味がどれも違うため、さっぱりとした味のいちごからコクのあるいちごへの順番で食べてほしい、と農園のお兄さん。

それはつまり寿司で言うところの白身からマグロ、トロにいくようなことらしいです。

それ以外にも例えば「先がとがっているものより、先端の面積が大きいもののほうが甘い」とか、「葉のそばの白い実の部分が丸く斑点のようになっているものは蜂が授粉を十分にしているからおいしい。ただ見栄えが良くないので、店頭には出ない」など、いろいろと教えてくださいました。

子どもたちは興味津々で聞きながらも、早くいちごが食べたくて仕方がない様子。しかし最後までお行儀よく話を聞き、いちご狩りがスタートしました。

確かに4種類のどのいちごも、香りも風味も甘味もまったく違う。でも、どれもおいしい。「私はやよいひめ」「僕は紅ほっぺ!!」なんて言いながら興奮してものすごい勢いでいちごを食べる子どもたち。可愛い。

想定外に移動に時間がかかってしまったし、帰りもきっと同じようなものだろうけど、連れてきてよかった、と私もハッピーな気持ちになりました。

さて、無事家に着き、預かっていた子どものママが順番にお迎えに来ました。娘のお友達のAちゃんとB君。学校でも仲よしメンバー。お迎えのときにAちゃんのママから「ぜひ」と甘くておいしいお米と、またまた甘くておいしいトマトを、B君のママからもまたまたおいしいパンの詰め合わせをいただいてしまいました。

そんなたくさんの思わぬ特典つきで、まるでわらしべ長者みたい。

晴れてドライブ日和で桜もきれいだったし、子どもたちと一緒にいちご狩りも楽しんだし、さらにママたちからおいしいお米やトマトやパンまでいただけて。最高じゃん!!な一日でした。

Photo Story 3

連載「おいしい歳時記」の記録

P182〜の「母がくれた言葉」は、幼少の頃を思い出しながら
書きました。その頃のアルバムからの一枚。

「ステイホーム期間中のこと」(P190〜)では、コロナ禍で
休校となった子どもたちと過ごした日々についてを。

2019年の夏休みのことを綴った
「子どもたちのサマースクール」(P176〜)。
子どもたちがイギリスのオックスフォードで
２週間の寮生活を経験しました。

全91回にわたった連載は、約7年半のおいしい記録。
プライベートのこと、そして仕事のこと、たくさんの写真とともにお届けしました。

2019年、「暮らし」についてのエッセイにリニューアルした連載。
その初回に掲載した、鏡越しのセルフポートレート。

Epilogue

「おいしい記録」

おわりに

食べること、が好きだと思う。
これから自分がどんなものを食べていくのか、
どんな食べ物に巡り会うのか。
それはまるで人との出会いのようで。
とても楽しみです。

この本を手に取ってくださった方、
最後まで読んでくださり、ありがとうございました。
そして7年半の間お世話になった編集の田中さん、
『LEE』連載時の歴代編集長をはじめ、編集部の皆さん、
この本の制作に関わってくださったすべての方に、
ここで感謝の言葉を伝えさせてください。
本当に、ありがとうございました。

――長谷川京子
2021年夏

Fashion Brand List, Shop List and Staff

Fashion Brand List

Cover・P148～149・P151
スウェットトップス・パンツ／ロエフ 六本木店（ロエフ）
ネックレス／リーフェ ジュエリー（リーフェ ジュエリー）
リング（Cover・P149）／ユナイテッドアローズ 丸の内店（ブランイリス）
リング（P151）／スタイリスト私物

P67～70
Tシャツ・チノパンツ／ウィム ガゼット 玉川髙島屋S・C店（ウィム ガゼット）
ネックレス／本人私物

P145
タートルネックニット／ユナイテッドアローズ 六本木ヒルズ店（スローン）

P146～147・P160・P209
ジャケット（P147・P160・P209）／ウィム ガゼット 玉川髙島屋S・C店（ウィム ガゼット）
カットソー／サザビーリーグ（ユニオンランチ）
パンツ／マインド（マインドデニム）
ネックレス・リング／TASAKI
ローファー／ロエフ 六本木店（ジャコメッティ）

P152～155
トレンチコート（P152～153）／オーラリー（オーラリー）
Tシャツ／スタイリスト私物
デニムパンツ／ホリデイ（ホリデイ）
ピアス・ブレスレット／トムウッド プロジェクト（トムウッド）
ネックレス／ジャーナル スタンダード 自由が丘店（ソワリー）
スニーカー／スタイリスト私物
デニムジャケット（P155）／ボウルズ（ハイク）

P156～157
デニムジャケット／ボウルズ（ハイク）
ブレスレット／トムウッド プロジェクト（トムウッド）

P159
シャツ・パンツ／サザビーリーグ（フランク&アイリーン）
ピアス・チェーンネックレス／トムウッド プロジェクト（トムウッド）
モチーフネックレス／リーフェ ジュエリー（リーフェ ジュエリー）

Shop List

ウィム ガゼット 玉川高島屋S·C店	03-6431-0608
オーラリー	03-6427-7141
サザビーリーグ	03-5412-1937
ジャーナル スタンダード 自由が丘店	03-5731-0128
TASAKI	0120-111-446
トムウッド プロジェクト	https://www.tomwoodproject.com/ja/
ボウルズ	03-3719-1239
ホリデイ	03-6805-1273
マインド	03-6721-0757
ユナイテッドアローズ 丸の内店	03-5224-8051
ユナイテッドアローズ 六本木ヒルズ店	03-5786-0555
リーフェ ジュエリー	03-6820-0889
ロエフ 六本木店	03-5786-0877

（お問い合わせ先は、2021年9月時点のものになります。
掲載商品についての情報は変更になる場合があります）

Staff

Photographs
岡本充男／Cover・P145～160・P209
加藤新作／Back Cover・P65～72
Michika Mochizuki（Lorimer management+）／P212～213

Hair & Make-up
佐々木貞江 ／Back Cover・P67～70

Hair
KENSHIN（EPO LABO）／Cover・P145～160・P209

Make-up
島田真理子（UM）／Cover・P145～160・P209

Styling
長澤実香／Cover・P145～160・P209

Food Styling
松島由恵（Dora The Food）／Back Cover・P65～72

Prop Styling Cooperation
古瀬絵美子／Back Cover・P65～72

Art Direction
藤村雅史

Design
大森 史（藤村雅史デザイン事務所）

Produce & Artist management
LesPros Entertainment

Editor
田中祥子（LEE編集部）

長谷川京子

Kyoko Hasegawa

1978年生まれ。千葉県出身。女性ファッション誌の専属モデルとして活躍後、
2000年に女優デビュー。以降数々のドラマや映画、CMに出演し、話題に。
私生活では、2009年生まれの長男、2012年生まれの長女の母。
2021年からはランジェリーブランド「ESS by」をプロデュースするなど、
ますます活動の幅を広げている。

長谷川京子　おいしい記録

発行日　2021年9月8日　第1刷発行

著者　長谷川京子

発行人　湯田桂子
発行所　株式会社 集英社
〒101-8050
東京都千代田区一ツ橋 2-5-10
電話　編集部　03-3230-6340
読者係　03-3230-6080
販売部　03-3230-6393（書店専用）

印刷所　大日本印刷株式会社
製本所　加藤製本株式会社

ISBN978-4-08-790051-4　C0095